30년 독일통일의 순례
동서독 접경 1,393km
그뤼네스 반트를 종주하다

동서독 접경 1,393km, 그뤼네스 반트를 종주하다
; 30년 독일통일의 순례

초판1쇄 인쇄	2020년 7월 15일	
초판1쇄 발행	2020년 7월 27일	
지은이	손기웅 강동완	
출판사	도서출판 너나드리	
제작	하늘생각	
등록번호	2015-2호(2015.2.16)	
주 소	부산시 사하구 다대로 381번길 99 101동 1406호	
이메일	simple1@hanmail.net	
전 화	051-200-8790, 010-4443-6392	
책임편집	강동완	
디자인	박지영	
일러스트	권보미	
교 정	송현정	

값 29,000 원
ISBN 979-11-965081-6-6(03340)

· 이 도서의 국립중앙도서관 출판예정도서목록(CIP)은 서지정보유통지원시스템 홈페이지(http://seoji.nl.go.kr)와 국가자료공동목록시스템(http://www.nl.go.kr/kolisnet)에서 이용하실 수 있습니다. (CIP제어번호 : CIP2020029701)

30년 독일통일의 순례

동서독 접경 1,393km
그뤼네스 반트를 종주하다

Contents

독일분단 인포그래픽   10
그뤼네스 반트 인포그래픽   11
프롤로그   12

1부 떠나기에 앞서   18

   1. 독일의 분단   21
   2. 그뤼네스 반트   41

2부 동서독 접경 1,393km를 종주하다

- 01 뤼벡-쉬루툽 접경기록보관소   54
  동독으로 들어가는 최북단 검문소
- 02 헤른부르크 기차역   76
  동독 내독열차용 접경정거장
- 03 쉬락스도로프 접경박물관 겸 내독접경정보센터   86
  산책길로 변한 3.5km의 접경순찰로

독일통일 10선 *01 독일문제(German Question)와 독일문제(German Problem)*   108

- 04 자유로의 비상구   110
  미완의 탈출 그리고 기억의 숲길
- 05 팔후우스   114
  인간과 자연의 상생: 유네스코 생물권보전지역
- 06 프리스터카테 뷔헨   124
  서독의 작은 마을회관

독일통일 10선 *02 '통일'보다 '통합'에 초점을 둔 서독의 외교*   140

07	쉬반하이데 기차역	142
	서독과 서베를린 사이를 오가던 기찻길	
08	마을공화국 뤼터베르크 기념소	150
	미획정 엘베강의 비애	
09	쉬나켄부르크 접경박물관	160
	엘베강의 접경감시선	
독일통일 10선	03 동독 주민에게 희망을 주는 서독의 독일정책	170
10	슈빈마르크 쉬네가 접경박물관	172
	개인들의 노력으로 세워진 박물관	
11	뵈크비츠 찌헤리 접경탐방로박물관	178
	'독일벌판'이 아닌 '유럽벌판'으로 불리는 곳	
12	헤름슈테트 접경박물관	190
	접경선의 얼굴	
독일통일 10선	04 동독 주민에 의한 베를린장벽 붕괴	196
13	마리엔보른 독일분단기념관	198
	가장 규모가 큰 동독의 접경통과검문소	
14	마리엔보른 기차역	228
	감시다리가 사라진 그곳	
15	회텐스레벤 접경기념물	236
	350미터에 이르는 분단장벽	
독일통일 10선	05 서독의 조용한 통일 지휘	256

⑯	브로켄산	258
	그뤼네스 반트에서 가장 높은 지역	
⑰	조르게 접경박물관	268
	마을 내 옛정거장	
⑱	조르게 야외접경박물관	274
	끝없이 이어진 코론넨벡	

독일통일 10선 *06 자유총선거에 의한 동독 주민의 민족자결권 행사* … 286

⑲	반 작사 테텐보른 접경박물관	288
	접경박물관을 둘러싼 온천 휴양지	
⑳	이름 없는 접경박물관	294
	개인 소유와 역사적 보존	
㉑	아힉스펠트 타이스퉁겐 접경박물관	300
	감시탑으로 활용된 수도원의 방앗간	

독일통일 10선 *07 서독의 통일외교 1: EC로의 통합* … 324

㉒	프리드란트 접경통과수용소	326
	자유지역의 의미	
㉓	쉬프러스그룬트 접경박물관	338
	철조망은 넘었으나 이루지 못한 꿈	
㉔	반프리드 기록보관센터	356
	3천 점 이상의 서적과 기록물	

독일통일 10선 *08 서독의 통일외교 2: NATO로의 통합* … 362

㉕	포인트알파 기념소 나토군의 최전방 기지	364
㉖	독-독 야외박물관 관광버스로 둘러보는 탐방로	388
㉗	프롭스첼라 동독 접경기차역 박물관 장벽으로 막힌 눈물의 플랫폼	408
독일통일 10선	*09 독일통일과 유럽통합*	420
㉘	뫼드라로이트 독-독 박물관 실개천이 갈라놓은 분단 마을	422
㉙	구텐퓌르스트 접경통과역 마지막 정거장	456
㉚	미텔함머 독일-체코 국경지 동서독 - 체코슬로바키아 삼각접경지	462
독일통일 10선	*10 통일독일의 국가성장, 우리의 통일비전*	472

자유에 굴복한 통제   474

에필로그   480

독일 분단

동서독 접경총길이
1,393 KM

베를린 장벽 길이 **161 KM**

1,150 KM
철조망과 콘크리트 장벽

자동발사장치 설치철조망 **400 KM이상**

650 KM이상
동독이 설치한 지뢰밭 길이

코론넨벡 **1,390 Km**

자동발사장치 **60,000개 이상**

지뢰설치 **1,300,000개 이상**

그뤼네스 반트

그뤼네스 반트 총 길이 **1,400** KM

177 Km² 그뤼네스 반트면적

자연보호구역 **150** 개
동식물종 **5,200** 종

희귀 위기 동식물종
1,200 종

자연원형으로 보존된 지역 **85%**

프롤로그

1990년 10월 3일, 독일이 통일된 날로부터 정확히 30년이 흘렀다.

2020년 오늘, 독일통일 30년을 분석할 만큼 한반도의 상황은 녹록지 않다. 도무지 앞을 내다볼 수 없는, 한마디로 시계제로다. 전 세계 유일의 분단국가로 남은 대한민국은 지금 어떠한 상황에 놓여 있는가?

우리의 목표는 무엇이며, 어디로 어떻게 가야 할지에 대한 깊은 성찰이 필요한 시점이다. 국가 생존과 성장에 사활이 걸린 모든 현안들이 남북 간의 문제임과 동시에 국제적 사안이다. 국가 발전, 북핵문제 해결은 물론이고, 민족의 염원인 통일을 위한 국가전략과 정책이 남북관계 및 국제적 차원에서 씨줄과 날줄로 연계되어 치밀하게 펼쳐져야 한다.

독일통일 사례에서 한반도 통일의 길을 찾고자 수 십년 동안 독일의 이곳저곳을 오갔다. 1989년 11월 베를린장벽이 붕괴되던 현장에서 그 감동을 몸소 경험했고, 통일 이후 빠르게 변화하는 동독지역을 보며 통일한반도를 그렸다. 하지만 분단의 장벽은 쉬이 허물어지지 않았고, 우리는 여전히 경계위에서 고뇌하고 있다.

통일 30년을 맞는 2020년 봄, 동서독 분단현장을 다시 찾았다. 냉전이 여전히 온존하는 우리에게, 독일 분단시기에 대한 분석은 중요한 현실이다. 우리에게도 다가올 분단 변화의 공간에서 준비하고 대응할 창조적 시사점을 줄 수 있다고 믿었기 때문이다. 이념과 체제, 무력이 극적으로 대립했던 동서독 접경선에서 무엇이 왜 어떻게 전개되었으며, 통일 후에 어떤 변화가 일어났던가를 다시한번 살펴보고 싶었다. 그 마음으로 동서독 접경선 1,393㎞를 처음부터 끝까지 걷고 또 달렸다.

이 책은 국내 최초로 동서독 접경 1,393km를 종주한 통일기행이라는 의미를 조심스럽게 붙여본다. 분단 시기 독일의 최북부 국경통과소였던 뤼벡-쉬루툽에서 출발해, 체코슬로바키아와 국경을 맞대었던 미텔함머에 이르기까지의 여정을 담았다. 죽음의 띠로 불렸던 동서독 경계선은 그뤼네스 반트라는 이름의 생명선으로 바뀌었다. 분단국가를 살아가는 우리에게 그 선은 분명 통일의 이정표이자 길잡이라 확신한다.

한반도의 평화와 화합, 나아가 통일로 가는 디딤돌은 DMZ·접경지역의 변화다. '비무장지대'(Demilitarized Zone)가 아니라 사실상 세계 제1의 중무장지대인 DMZ·접경지역을 그대로 둔 채로는 남북이, 국제사회와 이루는 어떠한 합의와 협력도 '사상누각'(砂上樓閣)에 불과하다. 남북한의 접촉점, 접촉선, 접촉공간인 DMZ·접경지역이 평화적으로 바뀌어야 한다. 남북한은 물론이고 「정전협정」의 당사자인 미국과 중국, 나아가 유엔과 국제사회와 함께 인간과 자연생태계의 단절을 끊어야 한다.

통일되었다는 사실 하나만으로도 타산지석이 될 수 있는 독일 사례가 우리에게 더욱 중요한 의미로 다가오는 이유는 '자유'(freedom)와 '민주주의'(democracy) 체제로 평화적인 통일을 이룩하고 번영하고 있기 때문이다. '죽음의 지대'(Todesstreifen)가 '그뤼네스 반트'(Grünes Band)가 되어 인간과 생태계가 공존하는 생명의 공간이 되었기 때문이다.

통일, 가지 않은 길로 가야만 하는 소명이 독일통일의 역사를 다시 한번 깊게 살펴보도록 우리를 일깨운다. 통일 30주년에 동서독접경 1,393km를 답사하고, 의미 있는 장소 '30+α'를 골랐다. 그 통일여정의 첫걸음을 함께 내딛어 보자.

독일통일 30년, 6·25전쟁 70년,
2020년 6월, 분단의 사람들이 찍고 쓰다.

통일,
가지 않은 길로
가야만 하는
소명

떠나기에 앞서

1. 독일의 분단
2. 그뤼네스 반트

Part 01

German division

독일의 분단

2차 세계대전 후 전승 4국에 의해 분할 점령된 독일·베를린과 접경선

1945년 2차 세계대전 이후 독일은 전승 4국인 미국·영국·불란서·소련에 의해 분할 점령되었다. 1949년 독일연방공화국(Bundesrepublik Deutschland: BRD, 이하 서독)이 된 지역은 미·영·불이, 독일민주공화국(Deutsche Demokratische Republik: DDR, 이하 동독)이 된 지역은 소련이 통치하였고, 동독 내 베를린도 4국에 의해 분할되었다.

동서독의 분단과 경계선 구획은 독일이 무조건 항복하기 이전인 1944년 9월 12일의 「런던의정서」와 1945년 2월 4~11일 「얄타회담」(미국의 루즈벨트, 영국의 처칠, 소련의 스탈린 참가)에서 사전 협의를 거쳤다. 그리고 독일의 항복 후 1945년 7월 17~25일 미국의 트루먼, 영국의 처칠, 소련의 스탈린 세 정상이 참가한 「포츠담회담」에서 확정되었다.

이 분단선은 1949년 서독과 동독의 국가 수립 이후에도 그대로 지켜졌다. 미·영·불의 점령지는 서독과 서베를린이, 소련의 점령지는 동독과 동베를린이 되었다.

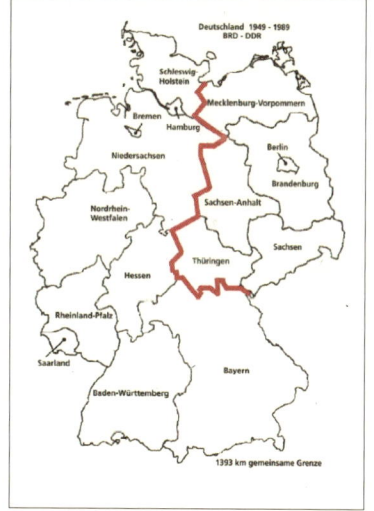

독일 내 분단선은 동서독 간의 접경선이자, 동시에 서독이 속한 미국 중심의 서방 군사동맹체제인 「북대서양조약기구」(NATO, 1949~)와 동독이 속한 소련 중심의 동방 군사동맹체제인 「바르샤바조약기구」(1955~1991) 간의 대치선이자 냉전의 상징이었다. 유럽에 드리워진 '철의 장막'의 중심에 바로 독일의 분단선이 놓여 있었다.

국경선?, 경계선?

분단선을 바라보는 동서독의 입장은 완전히 달랐다. 동독은 개별 주권국가 간의 '국경선'(Staatsgrenze)의 의미로 이해하고 사용했다. 동독이 국가 수립 이후 국제사회로부터 서독과는 완전히 분리된 개별 주권국가로서 인정받고자 한 정책이 반영된 것이다.

이에 반해 서독은 분단선을 '지역경계선'(Zonengrenze)의 의미로 인식했다. 패전 이후 전승 4국의 분할 통치 시기에 미·영·불 점령지역과 소련점령지역 간의 경계선을 지역경계선으로 불렀던 상황의 연장선으로 받아들였다. 즉, 소련점령지역에서 건국된 동독과의 접경선도 그렇게 인식한 것이다.

여기에는 서독이 현실적으로 동독의 정치체제는 인정했지만, 국제법적으로 인정되는 개별 국가로서 받아들이지는 않았던 정책과 관련이 있다. 서독에게 동독은 외국이 아니었다. 서독만이 독일의 유일한 합법정부이며, 동독을 국가로 승인하거나 동독과 수교하는 국가(소련 제외)와는 외교관계를 설정하지 않겠다는 외교원칙인 '할슈타인 독트린'(Hallstein Doctrine, 1955년)도 이러한 정책의 결과물이었다.

동서독 간에 1972년 「기본조약」(Grundlagenvertrag)이 체결되면서 할슈타인 독트린이 폐기되고, 1973년 동서독이 유엔회원국으로 동시 가입을 했다. 그래도 서독의 이 정신은 변하지 않았다. 통일되는 그 날까지 서독에서는 '국경선'이 아니라 '경계선', '국경지역'이 아니라 '접경지역'으로 인식되고 사용되었다. 동독이 경계선에 국경선임을 보여주려는 표지석, 표지판, 표식지주 등을 돌, 철판, 콘크리트 등을 활용하여 다양하게 설치했던 반면 서독은 경계선이란 표지판 하나가 전부였다.

이 책에서는 독일이 평화적으로 자유와 민주주의 체제에 기반하여 한 민족간 통일을 이루었고, 국경선이 아니라 경계선으로 인식했던 서독체제를 중심으로 하나가 되었다는 역사적 사실에 따른다. 즉, 동서독간 분단선을 '경계선' 혹은 '접경선'으로, 그 지역을 '접경지역'으로 사용한다. 다만 동독의 관점에서 설명할 필요가 있을 때에는 '국경선'이란 표현을 사용한다.

동서독 접경선의 길이는 약 1,400km이다. 전쟁 직후 서방점령지역과 소련점령지역 간의 경계선, 이후 양쪽 간의 영토교환을 통한 경계선 변경, 동서독 건국 시 경계선 1,378km, 1970년대 동서독 '접경위원회'(Grenzkommission)를 통한 접경선 재획정 시 대상 1,393km, 미획정 약96.2km 접경구간 존재 등의 이유로 시간적 변화에 따라 길이가 다르다. 이 책에서는 분단 기간 동서독이 함께 운영한 유일한 기관이면서 접경선을 획정했던 접경위원회의 활동에 근거하여 1,393km를 사용한다. 다만 개별적 상황에 따라 당시의 길이를 사용한다.

동독의 국경선 표식

윗 부분에 검은색 십자가, 측면에 검은색 국가명(DDR)을 새긴 표지석을 전 접경선에 심었다(1).
동서독 통과소나 주요 장소에는 초기에 목제 표식지주를 사용하다가(2),
검정·빨강·노랑의 콘크리트 기둥에 철제 국가표식을 단 표식지주로 바꾸었다(3).

접경지역 교류: 신동방정책의 추진

미·영·불·소 점령기간 동안 서방점령지역과 소련점령지역 간 서로의 인력과 물자의 통행이 통제 속에서도 이루어졌다. 그러나 독일땅 위에 현실적으로 존재한 두 개의 독일국가 그리고 각각이 속한 군사동맹체제 간의 전면적인 대결상황은 양 독일 간의 교류협력을 최소화했다.

독일의 분단은 상호 간의 접경선을 통해 명확히 체감되었다. 분단선이 인위적으로 그어짐으로 인해 많은 문제점이 나타났다. 이를 해결하기 위한 동서독 상호 간의 이해와 접점의 공유에는 많은 시간이 흘러야만 했다.

접경선에 관한 쌍방의 입장은 방어적이고도 갈등적이었다. 냉전이 전개되면서 접경지역에서 양측 지역 간 혹은 수비대 간의 접촉이나 교류는 피차 원하는 바가 아니었다. 1952년 5월 26일 동독 정부는 양 독일 간에 이용되던 통로를 폐쇄하기로 결정했다. 이에 따라 동독에서 서독지역으로 향할 수 있었던 자유로운 통로는 차단되었다. 다만 소수의 공식적인 '접경통과검문소'(Grenzübergangsstelle)에서만 허용되었다.

접경지역 교류에 근본적인 변화가 일어난 것은 서독 정부가 '신동방정책'(Neue Ostpolitik)을 추진하면서 동독을 공존과 협상의 동반자로 인정한 시기부터다. 서독의 빌리 브란트(Willy Brandt) 정부는 우선 소련, 폴란드 그리고 체코슬로바키아와 쌍무적인 선린우호조약을 체결하였고, 이어서 동독과 쌍방 간의 관계를 규정한 「기본조약」을 1972년 12월 21일 체결하였다. 독일 땅에 두 개의 공화국이 건국된 이후 서독 정부가 일관되게 주장해온 서독의 '전독일단일대표성'(Alleinvertretungsanspruch für das gesamte deutsche Volk))으로 인해 단절되었던 동독과의 국가차원적 협상은 "평등성의 기반 아래 쌍방 간 통상적인 선린관계"를 목표로 한다는 서독의 정책 변화로 인해 가능해졌다.

특히 접경지역에서 이러한 목표를 이루기 위해 동서독은 1972년 「기본조약」 제3조의 부속의정서, 즉 「기본조약추가의정서」 1항을 바탕으로 '접경위원회'(Grenzkommission)를 공동으로 구성하기로 합의하였고, 그 임무는 다음표와 같다.

「기본조약」이 체결된 이듬해부터 접경지역 주민들의 상호 방문이 다소 수월해졌다. 이른바 '작은 접경 통행'(kleine Grenzverkehr)이란 이름 아래 서독 주민들은 동독이 지정한 54개 접경지역에 대한 당일 방문이 가능해 진 것이다. 때에 따라서는 최대 30일간 동독쪽 접경지역 방문 신청을 할 수 있었고, 1979년에는 분기별로 최대 9회의 당일 동독 체류가 가능해졌다. 한편 은퇴한 동독 주민들의 서독 방문의 길도 열렸다.

동서독 접경위원회의 임무

접경위원회는 양 독일간 접경선을 지도상에 명확하게 획정하는 일뿐만 아니라, 접경선과 관련된 전반적인 사안을 세부적으로 다룬다. 기존의 접경선을 점검하고 필요하다면 접경선을 새로 정하거나 보완하며, 접경선과 관련된 필요한 문서들을 처리한다.
또한 접경위원회는 집경신과 연관이 있는 문세들, 예를 늘어 수경제(Wasserwirtschaft), 에너지공급(Energieversorgung), 손상방제(Schadenbekämpfung)에 기여하는 규정을 마련한다.

동서독 접경지역 도로 및 철도 연결지점

뤼벡(Lübeck)-헤른부르크(Herrnburg): 1952~1960년간 폐쇄
뷔헨(Büchen)-쉬반하이데(Schwanheide)
볼프스부르크(Wolfsburg)-외비스펠데(Oebisfelde): 1954년부터 인적 왕래 시작
헤름슈테트(Helmstedt)-마리엔보른(Marienborn)
베브라(Bebra)-게르스퉁겐(Gerstungen): 1963년까지 베브라(Bebra)-바르타(Wartha) 노선 사용
루드비히슈타트(Ludwigstadt)-프롭스첼라(Probstzella)
호프(Hof)-구텐퓌르스트(Gutenfürst): 1954년부터 인적 왕래 시작

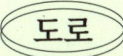   A : 고속도로, B : 국도

뤼벡(Lübeck)-제름스도르프(Selmsdorf): B 104
구도브(Gudow)-짜렌틴(Zarrentin): 1982년부터 A 24
라우엔부르크(Lauenburg)-호르스트(Horst): B 5
베르겐(Bergen)/둠메(Dumme)-잘쯔베델(Salzwedel): B 71
헤름슈테트(Helmstedt)-마리엔보른(Marienborn): A 2
두더슈타트(Duderstadt)-보르비스(Worbis): B 247
헤를레스하우젠(Herleshausen)-바르타(Wartha): 1984년까지 A 4
오이쎈하우젠(Eußenhausen)-마이닝겐(Meiningen): B 19
로텐바하(Rottenbach)-아이스펠트(Eisfeld): B 4
루돌프슈타인(Rudolphstein)-히르쉬베르크(Hirschberg): 1966년부터 A 9

최소환전?, 강제환전?, 입장료?

동독은 '최소환전'(Mindestumtausch) 의무규정을 두었다. 서독 주민 혹은 서베를린 시민이 동독을 방문할 때, 체류 1일당 일정 금액의 서독화폐 DM(Deutsche Mark)을 동독화폐 M(Mark)으로 교환하도록 한 것이다. 동독이 정한 환율 1:1을 적용했다. 동독을 당일 관광하거나 동독 내 친지를 방문하는 서독인들은 이에 따라 공식환율인 1:4(암시장에선 최대 1:25로 교환), 즉 DM이 M보다 가치가 4배 이상이 되는데도 불구하고, 동독이 정한 환율에 따라 M으로 바꾸어야만 했다.

만성적인 외환부족에 시달리던 동독이 구매력이 큰 DM을 확보하기 위한 조치였다. 서독인들은 이를 '강제환전'(Zwangsumtausch) 혹은 동독 '입장료'(Eintrittsgeld)라 부르며 불만을 표시했다. 동독이 정한 1인 체류 1일당 최소 의무환전 금액은 시간이 지나면서 모든 자본주의국가 방문객에게도 적용되는 등 정치적 상황이 반영되어 변화되었다.

동독은 또한 서독인이 M을 가진 채 서독으로 돌아가는 것을 허용치 않았고, 환전된 M을 동독 내에서 모두 사용하도록 유도했다. 서독인이 동독에서, 특히 동독의 변두리인 접경지역에서 M으로 환전한 금액을 소비하기란 쉽지 않아 책, 노트, 음반 등을 사거나 식당을 찾았다.

최소 의무환전 금액의 변화

○ **1964: 11월 25일 최소환전의무가 12월 1일부터 시작됨을 공표**
  - 소련공산당 서기장 후르시쵸프의 실각 이후 동독이 서독과 더욱 거리를 두려는 정책의 일환
  - 1일당 서독 주민은 5DM, 서베를린 시민은 3DM 환전의무
  - 연금생활자와 어린이는 제외

○ **1973: 11월 15일 새규정 공표**
  - 서독 주민과 서베를린 시민 간 차등 폐지
  - 모든 자본주의 국가에 적용
  - 방문 목적지에 따른 차등 적용: 동독 방문 시 20DM, 동베를린 방문 시 10DM
  - 연금생활자와 어린이도 동일 적용

○ **1974: 11월 15일부터 금액 하향 조정 공표**
  - 동서독「기본조약」체결의 영향
  - 1일당 동독 체류 시 13DM, 동베를린 방문 시 6.5DM
  - 12월 20일부터 연금생활자와 14세 이하 어린이 다시 제외

○ **1980: 10월 9일 다시 금액 상향 조정 공표, 10월 13일부터 발효**
  - 1979년 소련의 아프가니스탄 침공으로 인한 신냉전의 전개 영향
  - 동독과 동베를린 방문 간 차등 폐지
  - 1일당 25DM
  - 연금생활자도 동일 적용
  - 14세 이하 어린이는 6.5DM
  - 6세 이하 어린이는 제외

○ **1983: 9월 15일부터 다시 14세 이하 모든 어린이는 제외**
  - 서독 보수당 콜정부 출발과 강제환전에 대한 불만 표시 영향

○ **1984: 8월 1일부터 연금생활자는 15DM으로 하향 조정**

○ **1989: 11월 9일 베를린장벽 붕괴 후 동독은 12월 24일 최소 의무환전 규정 폐지**

자유를 향한 탈출

1949년 건국 이후 동독에서는 인권 탄압, 사유재산 몰수, 일당 독재체제 구축, 강제 이주 등이 진행되면서 수많은 사람이 서독으로 건너왔다. 그 수는 1952년까지 675,000명에 달했다.

이러한 상황에서 동독은 1952년 5월 26일부터 1,378km에 이르는 동서독 접경선에 철조망, 감시탑 등 방비시설을 설치하기 시작했다. 접경지역 주민들은 배후지역으로 강제 이주시켰다. 그런데도 1961년까지 탈출자는 당시 동독 인구의 1/6인 2,700,000명에 달했고, 대부분 서베를린으로의 탈출이었다. 한편 서독에서 동독으로 건너간 사람은 1961년까지 약 500,000명이었다.

동독은 1961년 8월 13일 베를린장벽 건설과 더불어 전 접경선에서의 통행을 완전히 차단했다. 전기철조망, 지뢰밭, 감시탑과 벙커, 자동발사장치, 차량방벽 등으로 요새화된 장벽방비시설로 서독으로의 탈출을 방지하고자 했다. 그것도 모자라 인근 마을 주민들이 이러한 접경방비시설을 볼 수조차 없도록 장벽까지 세웠다.

어려운 경제 속에서도 동독은 1km 접경방비시설을 건설하는데 2백만M 이상을 쏟아부었으며, 1971년부터 최고 54,000명의 국경수비대가 감시 임무를 수행했다. 여기에 비밀경찰인 국가안보성, 인민경찰, 자원봉사자 등이 추가되었다.

1961년 베를린과 전 접경선에 걸쳐 장벽이 물 샐틈 없이 세워졌지만, 자유로의 탈출 시도는 육지는 물론 바다와 호수 그리고 공중으로 계속되었다. 승용차나 열차에 숨어서, 강이나 바다를 헤엄쳐서, 접경통과소를 부수면서, 직접 만든 열기구나 패러글라이더를 사용하고, 배를 납치하거나 심지어 잠수함을 만들어서 차단된 분단선을 필사적으로 넘고자 했다. 성공한 사례도 있지만 11,000명 이상이 목숨을 잃었고 10,000여명이 이상이 투옥되었다.

소련/동독의 접경지역 정책 1945~1989

○ **1945**: 전쟁 후 전승 연합국 미·영·불·소가 독일을 분할 점령
  - 점령지역 간 경계선 설정
  - 농사 및 노동자 통근을 위한 '작은 접경통행'이 가능
○ **1946**: 소련 점령군이 점령지 경계선 차단
  - 점령지역 간 통행은 공식 통로에서만, 통행증을 가진 사람만 가능
  - 소련 점령당국이 국경수비대 창설
○ **1947**: 소련 점령군이 숲이나 산악지대 경계선에 철조망 설치
  - 점령지역 간 연결 도로와 길에 차단기 설치
○ **1948**: 7월 13일부터 소련 점령지역 내 출입을 위해 통행증 외에 체류허가증 추가적 요구
○ **1949**: 동독과 서독 건국
○ **1952**: 동독이 접경선에 폭 5km의 차단지역, 폭 500m의 보호지대, 폭 10m의 통제지대 설정
  - 통행증을 가진 사람만 통행 가능
  - 동독이 공식명 '국경 계획'(Aktion Grenze), 비공식명 '독충 계획'(Aktion Ungeziefer) 이름 아래 접경지역에서 신뢰할 수 없는 사람들을 강제 이주
○ **1954**: 동독이 비자의무제 도입, 허가 없는 영토 내 출입 처벌
○ **1955**: 접경감시 임무에서 소련군 제외, 동독 국경경찰이 전담
○ **1958/59**: 동독이 접경지역 경계 강화
  - 가능한 많은 지역주민들에게도 접경통제임무 부여, 이념 교육 및 선전선동 강화
○ **1960**: 동독이 접경선에 지뢰 설치 시작
○ **1961**: 8월 13일 동독이 베를린장벽 건설, 서독과 '국경선'에 이중철조망 및 폭 6m 발자국탐지지대 설치
  - 접경선 동쪽 50~100m 지점에 2m 높이의 국경표식지주 설치
  - 접경지역 통제체제 일원화, 접경방비시설의 체계화·과학화로 철조망·탐조등·도로차단기·감시탑·지뢰밭 등 설치
  - 간부 정리에 이어 접경경비 전 인력에 대한 신원 조사
  - 공식명 '달구지국화 계획'(Aktion Kornblume), 비공식명 '요새화'(Festigung) 이름 아래 접경지역 주민 추가 강제 이주
○ **1966**: 동독이 500~1,000m 간격으로 전기가 흐르는 경고울타리 추가 설치
  - 이중 철조망 사이에 지뢰 부설
  - 지상감시초소 콘크리트화

○ 1967: 동독이 전 접경선에 걸쳐 경계선 수 m 후방에 2,622개의 검정·빨강·노랑에 동독 국장을 넣은 콘크리트 국경표식지주 설치
  - 서독은 "정지! 지역경계선" 혹은 "정지! 여기가 경계선"이란 표지판 설치
○ 1968: 동독이 '공화국탈출'(Republikflucht)에 수년 간 징역형 처벌
  - 접경선 철조망울타리를 압연금속격자울타리로 교체
○ 1969: 동독이 목재감시탑을 콘크리트로 교체 시작
○ 1971: 동독이 국경경찰 재편
  - 국경수색대가 강철격자울타리에서 나와 콘크리트국경표식지주 일대까지 활동
○ 1971/72: 동독이 자동발사장치 설치 등 방비시설의 지속적 보강 및 현대화로 접경지대를 '죽음의 지대'(Todesstreifen)로 요새화
○ 1972: 동서독「기본조약」체결
○ 1973-76: 동서독 '접경위원회' 활동
  - 동독이 국명 'DDR'을 새긴 국경표지석 설치
  - 방비시설 강화 및 자동발사장치 설치
○ 1982: 3월 25일 동독은「동독국경법」을 만들어 국경선 침범에 대한 무기 사용 합법화
○ 1983-85:「헬싱키최종의정서」(1975)에 동독이 서명하고 '유럽안보협력회의'가 출발하자 외형적인 인권 개선의 일환으로 지뢰 및 자동발사장치 철거
  - 대신 차단 및 경고 울타리 강화
  - 일명 '반파쇼 보호벽'(antifaschistischer Schutzwall)이라 부른 접경장벽 근무 국경수비대 감축, 대신 경찰과 자원봉사자로 보강
  - 이러한 조치에는 서독의 대동독 재정 지원이 영향
○ 1989: 11월 9일 19시가 약간 지나 동독국영방송이 국경장벽이 열린다고 보도
  - 곧 동독당국이 해외여행 허가 발표
  - 당일 저녁 수천 명의 동독 주민이 경계선을 넘어 서독행

동독 국경수비대

동독 국경수비대(Grenztruppen: GT)의 연원은 1961년 9월 15일 동독 인민군(NVA) 내 독일국경경찰(Deutsche Genzpolizei)이다. 1962년 4월부터 병역의무자들이 당시 '영광의 근무'(Ehrendienst)라 불리는 기본국방근무(Grundwehrdienst)를 위해 국경수비대에 입소했다. 복무기간은 18개월이었으며, 병역기피는 처벌되었다. 종교 등의 이유로 총기 사용의 병역의무를 거부할 때는 공병으로 복무하도록 했다.

1974년 1월부로 인민군에서 인민군국경사령부(Kommando Grenze der NVA)를 분리시켜 동독 국경수비대로 이름을 바꾸었다. 이는 동독당국의 영악한 계산에 따른 것으로 당시 오스트리아 빈에서 진행 중이던 중부유럽에서의 동서방 상호 병력 및 군비 축소를 위한 군축협상에서 국경수비대는 대상이 아니었기 때문에 병력 감축으로부터 국경수비대를 제외하고자 함이었다.

국경수비대에는 서독과 연결이 없고 정치적으로 신뢰할 수 있는 병역의무자만 선발되었다. 따라서 이들은 '엘리트부대'(Elitetruppen)라 불렸고 그 수는 최대 약 54,000명이었다. 1989년 11월 9일 베를린장벽이 무너지자 이들의 임무는 종식되었고, 1990년 7월 1일 동서독 간 「화폐·경제·사회통합협정」이 발효되면서 해체되었다.

동독 국경수비대(GT)

○ 1961년부터 1973/74년까지 GT는 동독 인민군(Nationale Volksarmee: NVA) 산하 국경경찰로 편제
○ 1974년 국방성 산하의 독립부대로 GT 편제
○ 1989년까지 GT 병력은 약 47,000명
○ 1970년대부터 5개 GT사령부 운영
  - 슈텐달(Stendal) 소재 북부사령부와 에어푸르트(Erfurt) 소재 남부사령부가 동서독 접경지역 담당
  - 중부사령부가 베를린장벽 담당
  - 나머지 두 사령부가 헝가리 및 체코슬로바키아 국경선 담당
  - 여기에 더하여 해군에 소속된 해안국경여단이 로스톡(Rostock)에 소재
○ GT총사령부는 베를린 인근 패츠(Pätz) 소재

동독 국경수비대의 일상

동독의 접경통과검문소와 서독의 통과처리소

○ 동서독 간 합의에 의해 인적·물적 교류를 위한 '접경통과검문소'(Grenzübergangsstelle: GÜSt)가 설치되었으나 접경선의 위험은 더욱 증가
○ 1982년까지 동독은 1,150km에 걸쳐 철조망 혹은 콘크리트장벽 설치, 400km 이상의 접경장벽에 자동발사장치 SM-70 설치, 650km 이상의 지역에 지뢰 설치
○ 동독의 국경수비대(GT)가 접경선 및 GÜSt 직접 통제, 특히 동독 내부에서의 탈주자 방지
○ GÜSt에 동독 국가안보성 인력 상시 근무
○ 서독의 경우 '통과처리소'(Abfertigungsstelle)에서 세관원, 접경수비대 및 접경공무원이 여행객에게 접경지역 및 동독 관련 주의 환기 및 편의 제공
○ 서독 접경수비대는 동독 GT의 동향 감시

동독 접경감시탑(Beobachtungstürme: B-Türme)의 변천

1960년대 초 동독은 접경선에 목재감시탑을 세웠다. 기상악화에 대비했으나 안전하지 못하여 감시자가 상시 근무하지 않았다(1).

1969년부터 목재감시탑을 철거하고, 콘크리트로 둥근 지주와 각진 원형 감시실의 감시탑을 만들었다. 기초가 부실했기 때문에 나쁜 기상 조건에서는 사용되지 못했다(2).

1970년대에는 탄탄한 기초공사 후 콘크리트로 사방 2m 정사각형의 감시탑을 세웠다. 높이는 지형에 따라 조정되었다. 좁은 공간이라 내부 사다리로 감시실로 올라가면 사방을 감시할 수 있는 창문에 탐조등만 장착되었다(3).

1970년대 말에서 80년대 초에 마지막 개량형으로 지휘부가 사용하는 사방 4m의 정사각형, 9m 높이의 콘크리트감시탑이 들어섰다. 통신시설, 경고방송시설, 탐조등, 침상 등을 갖추었다. 이를 일반 감시탑(2x2)과 구별하여 지휘감시탑(Führungsstelle)이라 불렀다(4, 5).

1)

2)

3)

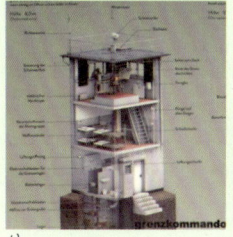
4)

5)

사진출처
http://www.grenzstreife.de/Grenztruppen/Tuerme_I/tuerme_i.html
http://www.grenzkommando.de/mediapool/88/880999/resources/big_46588583_0_770-562.jpg

미획정 동서독 경계선

동서독은 1972년 「기본조약」에 따라 접경위원회를 1973년 1월 31일 제도적으로 명문화하고, 같은 해 4월 5일부터 활동을 시작했다. 접경위원회의 가장 중요한 임무는 동서독 간 경계선을 획정하는 일이었고, 1973년부터 1976년간 수행되었다. 1978년 10월 26일 접경위원회는 6년의 활동을 통해 경계선을 대부분 획정지을 수 있었고, 1978년 11월 29일 의정서에 서명했다.

그러나 총 1,393km에 이르는 동서독 접경선 가운데 1,296.7km에는 합의를 이루었으나, 약 95km에 이르는 일부 엘베강구획(Elbeabschnitt)과 약 1.2km의 하르쯔개천 바르메 보데(Harzbaches Warme Bode) 구간에 대해서는 합의를 보지 못했다. 경계선을 강의 좌측강변 혹은 우측강변으로 할 것인지, 강의 중간선 혹은 선박의 항로로 할 것인지, 강바닥의 가장 깊은 골로 할 것인지에 관해 쌍방이 합의를 이루지 못한 것이다. 결국 총 91회에 걸친 협의에도 불구하고 이들 지역에 대한 정확한 경계선의 획정은 통일이 되는 날까지 이루어지지 못했다.

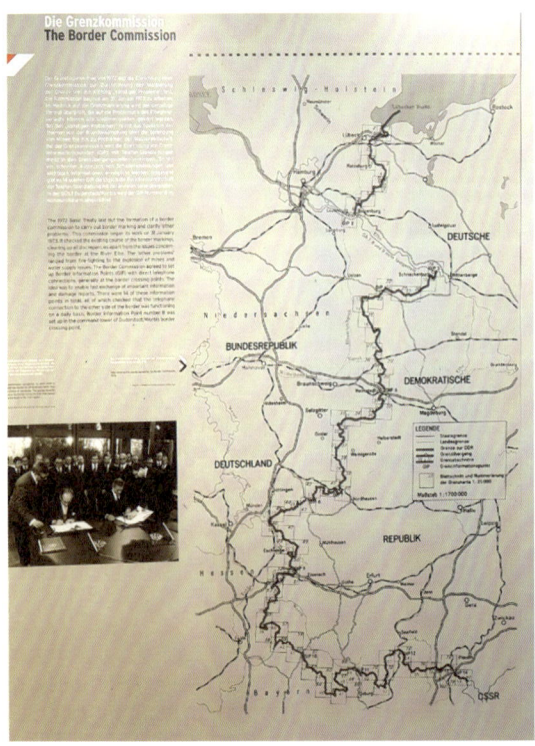

접경위원회는 전 접경선을 구간별로 나누어 경계선 획정을 논의했다. 1978년 11월 29일 접경위원회의 양측 대표가 의정서에 서명했다.

동서독이 경계선 획정에 합의한 구간마다 서명한 문서들이다

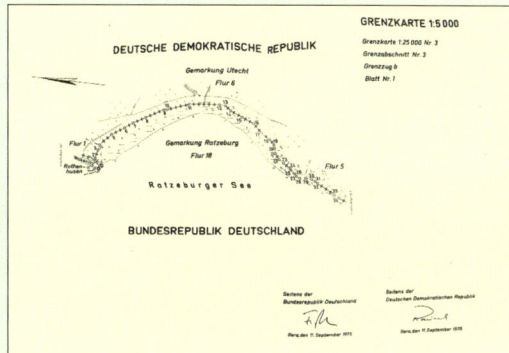
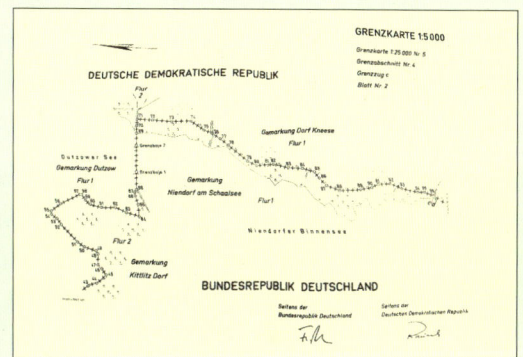
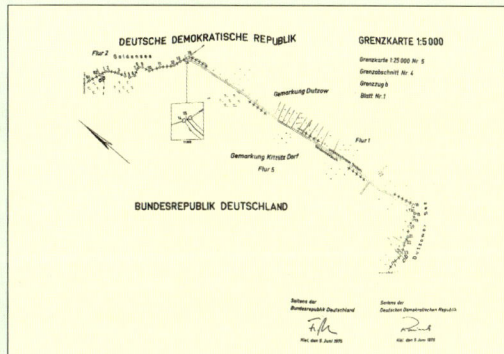
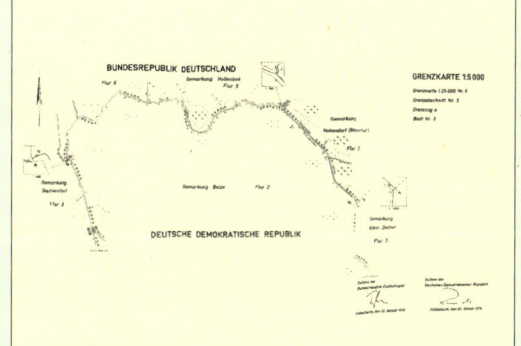

사진출처
https://www.forum-ddr-grenze.de/t17396f54-Grenzkommission-1.html

Grünes
Band

그뤼네스 반트 연혁

1989년 11월 9일 베를린장벽이 무너지자 서독의 '자연보호연맹'(Bund Naturschutz)을 중심으로 약 1,400㎞에 이르는 동서독 접경지역의 자연환경 보호를 위한 움직임이 시작되었다. 같은 해 12월 9일 자연보호연맹이 '그뤼네스 반트'(Grünes Band), 이른바 '그린벨트' 구상을 최초로 제창했고, 국가사업으로 채택되었다. 아래 표는 그뤼네스 반트 추진 당시 내세웠던 그뤼네스 반트의 의미를 압축적으로 상징하는 구호들이다.

그뤼네스 반트를 상징하는 주요 구호

○ "경계선은 분단을, 자연은 연결을"(Grenzen trennen, Natur verbindet)
○ "죽음의 띠에서 생명의 선으로"(vom Todesstreifen zur Lebenslinie)
○ "경계선을 체험하고 경계선을 극복하자"(Grenze erleben und Grenze überwinden)
○ "틈이 없는 그뤼네스 반트"(Grünes Band Lückenlos)
  -"틈 연결 그뤼네스 반트"(Lückenschluss Grünes Band)
○ "생명의 공간을 연결하여 인간들을 통합하자"(Lebensräume verbinden, Menschen integrieren)
○ "역사적 경계선을 극복하여 미래전망을 확보하자"
  (Historische Grenzen überwinden, Zukunftsperspektiven sichern)
○ "자연의 보석으로 연결되는 띠"(Naturjuwele am laufenden Band)

이후 2003년부터는 그뤼네스 반트를 유럽 전체에 드리워졌던 철의 장막으로 확대하려는 협력사업이 시작되었다. 이러한 협력사업의 결과는 큰 결실을 거두었다. 현재 독일 그뤼네스 반트는 '유럽 그뤼네스 반트'(Grünes Band Europa)의 중심을 이루고 있다.

2009년부터 자연보호연맹은 전 그뤼네스 반트를 대상으로 '국가자연기념비'(Nationale Naturmonumente) 사업을 추진하고 있다. 빈 공간 없이 전체를 자연보호구로 연결하고, 자연보호와 역사·문화유산의 보호를 동시에 추진해 인간과 자연환경이 공존하고 함께 이득을 누릴 수 있는 방향으로 그뤼네스 반트를 보호·이용하려는 것이다. 그뤼네스 반트를 자연보호란 획일적 지향에서 벗어나 '역사'(Historie), '자연'(Natur), '이용/이익'(Nutzen/Interesse)이란 세 가지 측면에서 조성하여 인간이 '관광'(Tourismus)하고 자연생태계가 생존·도래하는 지역으로 만든다는 취지다.

이를 위해 연방정부·주정부 및 지자체 간 협력 강화, 모든 진행과정의 투명한 추진, 공감대 형성을 통한 국제적 차원의 공동 추진, 생태적으로 가치 있는 생명공간의 조성·촉진 및 자연경관의 지속가능한 활용을 추진원칙으로 정했다.

독일 및 유럽 그뤼네스 반트

지도출처
https://upload.wikimedia.org/wikipedia/commons/thumb/d/db/Karte_Deutschland_Gr%C3%BCnes_Band.png/450px-Karte_Deutschland_Gr%C3%BCnes_Band.png
https://upload.wikimedia.org/wikipedia/commons/thumb/0/0a/Karte_Europa_Gr%C3%BCnes_Band.png/525px-Karte_Europa_Gr%C3%BCnes_Band.png

그뤼네스 반트 현황

동서독 접경선을 따라 생겨난 그뤼네스 반트는 다양한 생물군이 서식하는 생태공간이다. 그런데 대부분 동서독 경계선에서 동독쪽 접경지역공간의 비중이 높다. 이는 서독이 분단 시기 접경지역에 별다른 방비시설을 하지 않아 공간이 사유화되고 개발된데 비해, 동독은 차단 및 통제지역을 설정하여 접근과 개발을 금지시켰기 때문이다. 통제와 죽음의 공간이 자유와 생명의 공간으로 전변된 역사적 아이러니가 일어난 것이다.

그뤼네스 반트는 총 연장 1,393km, 총 면적 177km²로 그 규모가 독일에서 가장 큰 동시에 유일하게 독일전역을 가로지르는 생태공간이다. 9개의 연방주(구동독 5개, 구서독 4개)와 38개의 군, 2개 독립시를 지나고 있다. 그뤼네스 반트는 북쪽의 해안지역인 동해(Ostsee)로부터 작센주(Sachsen)와 바이에른주(Bayern)가 만나며 체코와 국경을 이루는 3각 경계지역인 미텔함머(Mittelhammer)에 이르기까지 독일의 알프스 지역을 제외하고 대부분의 다양한 자연경관지역을 통과하고 있다. 생태공간적으로 볼 때 그뤼네스 반트가 척추를 구성하며, 여기에 150개의 자연보호지역이 갈비뼈와 같은 모양으로 연결되어 있다고 볼 수 있다.

그뤼네스 반트는 풀이 많이 자란 지역이나 휴한지들을 습지나 건초지들과 연결해 주는 역할을 하고, 지역에 따라서는 고목분포지대나 원시삼림, 강과 호수를 포함하고 있다. 특정지역에서는 그 지역경관을 통어서 광범위하면서도 유일하게 자연상태에 가까운 구조를 보여준다.

다양한 유형의 서식공간이 유기적으로 연결되어 있어서 그뤼네스 반트 내에 서식하는 동·식물의 종류와 구조는 매우 풍부하다. 지금까지 독일 전역에서 멸종 위기에 처해 있는 600종 이상의 동·식물이 그뤼네스 반트 안에 살고 있는 것으로 확인되었다. 전체 면적 가운데 약 60%가 자연보호지역으로 잘 보호되고, 약 180km는 자연보호적 측면에서 손상되기도 했다. 훼손은 주로 농업과 초지활용, 도로나 건축물로 인한 것이다. 따라서 접경지역에 대한 자연환경 보호 및 발전 계획이 지역 개발에 있어서 가장 우선순위로 고려되고 있다.

그뤼네스 반트에 대한 사업계획 및 관리와 운영책임은 연방정부가 아닌 해당 주에 있으며, 소요 재정도 각 주가 부담한다. 아울러 각 주가 영내에 속하는 그뤼네스 반트를 관장하되, 구동독 5개 주는 '주자연보호재단'(Landes Naturschutzstiftung)을 설립하여 관장하고 있다.

동서독을 가로질러 철의 장막이 서있었던 자리를 대신한 그뤼네스 반트는 독일 전역의 생태공간을 연결하는 중심축이 되었다. 다양한 자연경관이 함께 어우러져 통일 30년이 지나면서 국가자연유산의 핵심으로 자리매김했다. 또한 독일분단이라는 역사적 사실을 생생하게 상기시켜주는 현장체험의 공간이기도 하다.

접경지역을 그뤼네스 반트로 조성하여 보호하는 기반 하에 통일된 독일은 각 접경지역의 특성을 활용하여 관광지로 활용하고 있다. 정치·군사·경제·역사·문화·환경·생태적으로 의미 있는 지역, 평야지·산간지·하천지 등으로 구분된 과거 접경통과소, 동서독 분단 상황을 상징적으로 보여주는 장소 등을 그뤼네스 반트와 연계하여 관광명소로 조성한 것이다. 이들에 대한 접근방법도 도보, 자전거, 산행, 자동차, 증기기관차 등으로 다양하게 고려함으로써 더욱 매력을 가지게 했다.

그뤼네스 반트의 분포 및 구성

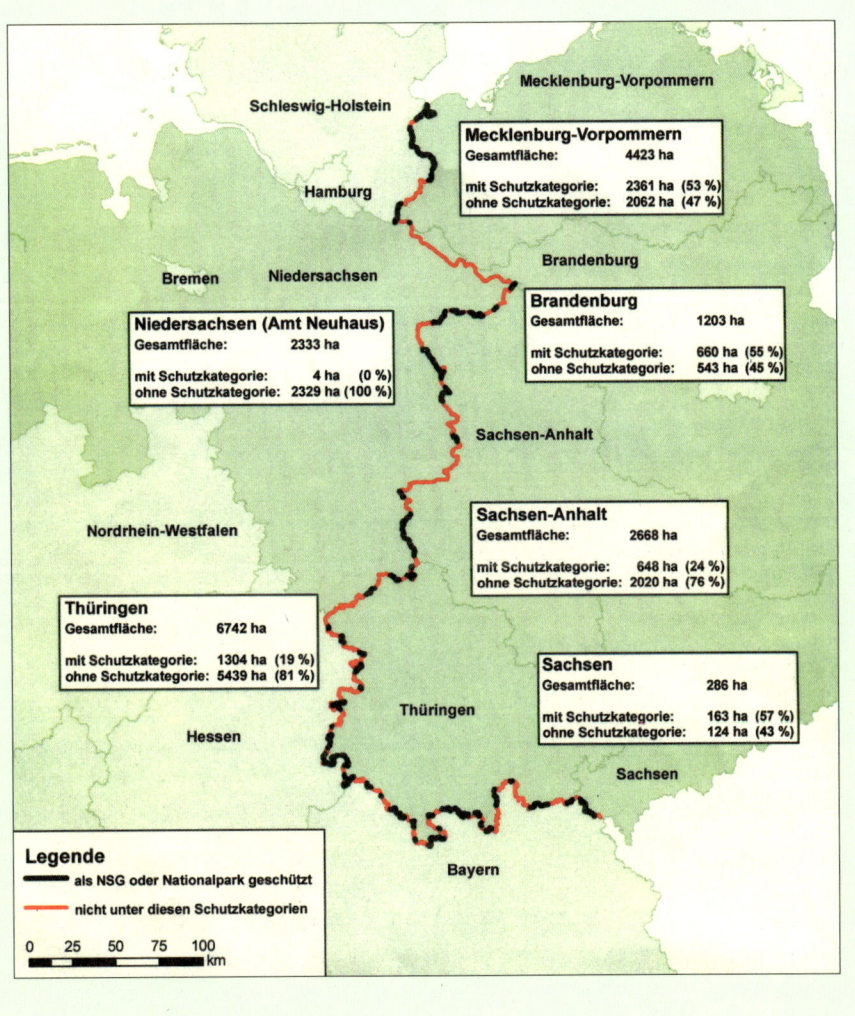

연방주	구성	
메크렌부르크-포어폼메른	전체면적	4423ha
	자연보호지역*	2361ha(53%)
	그 외 지역	2062ha(47%)
브란덴부르크	전체면적	1203ha
	자연보호지역	660ha(55%)
	그 외 지역	543ha(45%)
니더작센(암 노이하우스)	전체면적	2333ha
	자연보호지역	4ha(0%)
	그 외 지역	2329(100%)
작센-안할트	전체면적	2668ha
	자연보호지역	648ha(24%)
	그 외 지역	2020ha(76%)
튀링겐	전체면적	6742ha
	자연보호지역	1304ha(19%)
	그 외 지역	5439ha(81%)
작센	전체면적	286ha
	자연보호지역	163ha(57%)
	그 외 지역	124ha(43%)

* 자연보호지역 혹은 국립공원으로 보호

그뤼네스 반트의 주요 보호구역

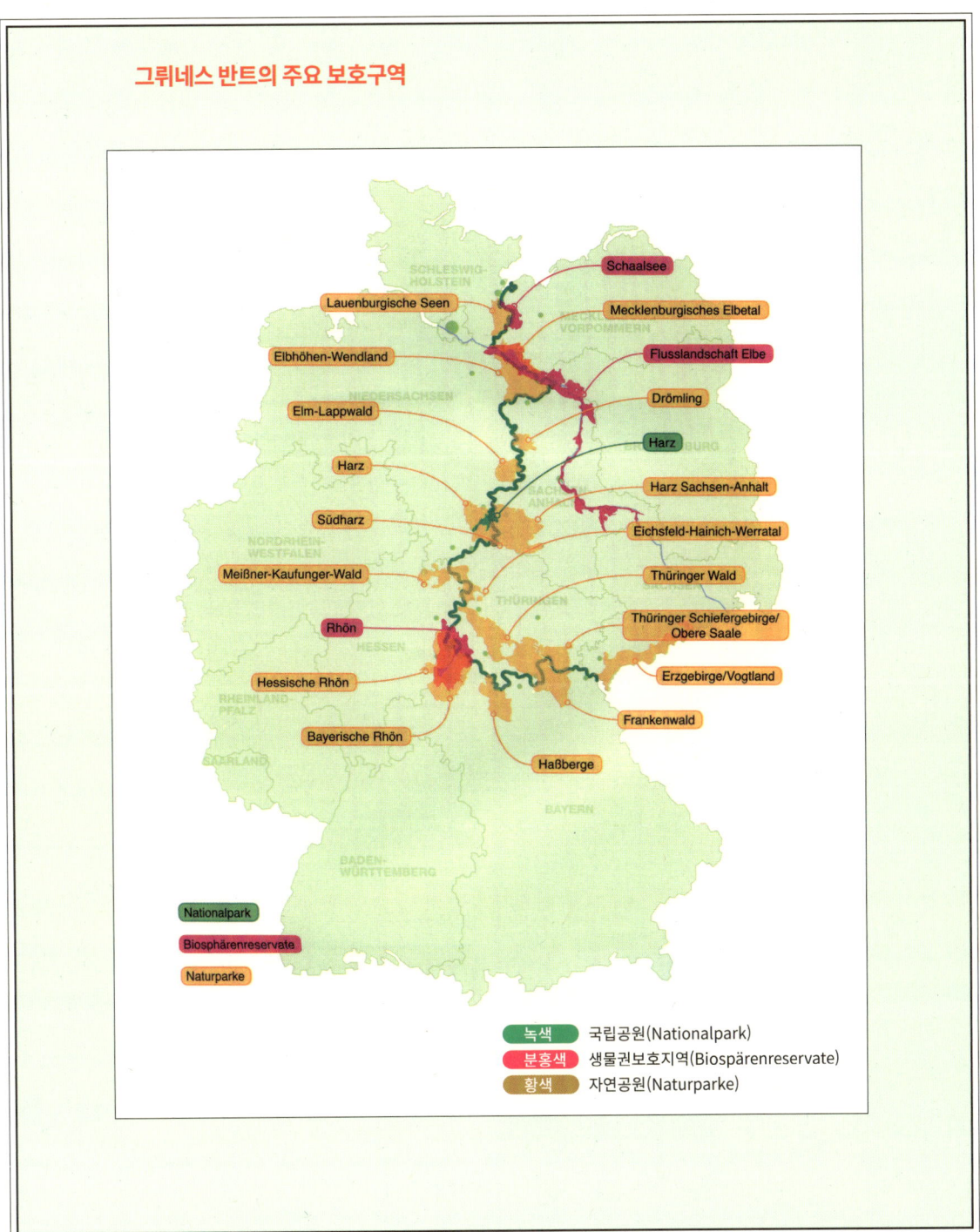

동서독 접경지역에 위치한 박물관, 기념비 등 이용현황

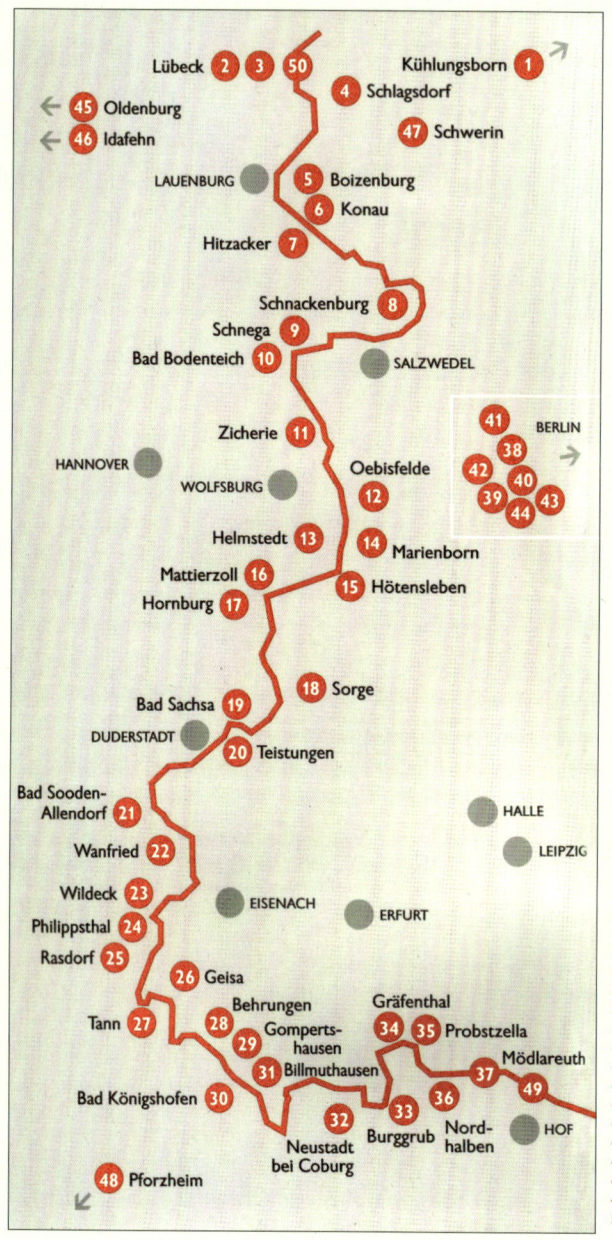

1 Ostsee-Grenzturm Kühlungsborn
2 Bundespolizeiakademie Lübeck
3 Grenzdokumentations-Stätte Lübeck-Schlutup
4 Grenzhus Schlagsdorf
5 Erinnerungsort Elbberg Boizenburg-Elbe
6 Marschhufendorf Konau
7 Das Alte Zollhaus Hitzacker (Elbe) Museum
8 Grenzlandmuseum Schnackenburg
9 Grenzlandmuseum »Swinmark« Schnega
10 BGS- und Grenzinformationsräume Bad Bodenteich
11 Historisches Museum Böckwitz-Zicherie
12 Burg- und Heimatmuseum Oebisfelde
13 Zonengrenz-Museum Helmstedt
14 Gedenkstätte Deutsche Teilung Marienborn
15 Grenzdenkmal Hötensleben
16 Gedenkstätte Grenze Mattierzoll
17 Heimatmuseum Hornburg
18 Freiland-Grenzmuseum mit »Ring der Erinnerung« Sorge
19 Grenzlandmuseum Bad Sachsa
20 Grenzlandmuseum Eichsfeld
21 Grenzmuseum Schifflersgrund
22 Dokumentationszentrum Wanfried
23 Wildecker Museum für Grenz- und Heimatgeschichte
24 Grenzmuseum Philippsthal (Werra)
25 Gedenkstätte Point Alpha
26 Heimatmuseum Geisaer Amt
27 Informationsstelle über die ehemalige Grenze zur DDR Tann
28 Deutsch-deutsches Freilandmuseum Behrungen
29 Grenzdenkmal Gompertshausen
30 Museum für Grenzgänger Bad Königshofen
31 Gedenkstätte Billmuthausen
32 Informationsstelle Neustadt bei Coburg
33 Grenz- und Friedenskapelle Burggrub
34 Grenz- und Heimatmuseum Georg Stift Gräfenthal
35 Grenzturm Hopfsberg und Haus des Volkes Probstzella
36 Historisches Ortsmuseum Nordhalben
37 Deutsch-Deutsches Museum Mödlareuth
38 Gedenkstätte Berliner Mauer
39 Erinnerungsstätte Notaufnahmelager Marienfelde
40 Mauermuseum – Museum Haus am Checkpoint Charlie
41 »Parlament der Bäume« Schiffbauerdamm
42 Grenzturm Nieder Neuendorf
43 Grenzwachturm Schlesischer Busch
44 Ehemalige Grenzübergangsstelle Drewitz-Dreilinden
45 Informationsarchiv Oldenburg
46 Grenzlehrpfad Idafehn
47 »Über die Ostsee in die Freiheit«
48 DDR-Museum Pforzheim
49 Grünes Band – Grenzen trennen, Natur verbindet!
50 »Lebensstreifen – Grünes Band«

- 동서독 접경
- 1,393km를
- 종주하다

Part 02

German

01
뤼벡-쉬루툽 접경기록보관소
**Grenzdokumentationsstätte
Lübeck - Schlutup**

동서독 접경선 ------

 # 동독으로 들어가는 최북단 검문소
: 그뤼네스 반트의 시작이자 끝

「뤼벡-쉬루톱 접경기록보관소」는 '죽음의 지대'(Todesstreifen)라 불렸던 동서독 접경선 약 1,400km의 출발점이다. 동시에 이제는 새로운 생명을 알리는 그뤼네스 반트의 시작점이다.

'한자동맹의 여왕'이란 칭호를 얻으며 한때 북유럽의 해상무역을 주도했던 항구도시 뤼벡(Lübeck)은 서독 쉬레스비히-홀슈타인주(Schleswig-Holstein)에 속하며, 세계문화유산으로 지정될 만큼 아름다운 곳이다. 이곳에서 바닷가 방향으로 약 10km 거리의 작은 접경마을인 쉬루톱(Schlutup)에 접경기록보관소가 위치해 있다. 동해(Ostsee)를 동서독으로 갈랐던 해양경계선이 육지와 만나는 곳으로, 동독 메크렌부르크-포어폼메른주(Mecklenburg-Vorpommern) 제름스도르프(Selmsdorf)와 마주보고 있다. 독일의 가장 북쪽에 위치한 이 접경시설을 보기 위해 베를린에서 꼬박 4시간을 달려왔다.

서독지역의 접경통과소: 쉬루톱

2차 세계대전 이후 독일이 미·영·불·소에 의해 분할 점령되면서 독일 북부지역인 서독 쉬루톱과 동독 제름스도르프 사이 경계선도 획정되었다. 하나의 땅이었지만 분단은 사람들의 자유로운 통행을 막았고, 허가된 사람들만이 가능했다. 이에 따라 접경통과소가 설치되었다.

1960년 서독이 뤼벡-쉬루톱에 설치한 통과소는 임시로 지어진 가건물 형태였다. 이후 1979년 12월 1일 정식 건물로 개장되어 1990년 동독이 붕괴되기 전까지 서독 세관과 연방접경수비대가 운영하는 인력과 물자의 통과처리소로 사용되었다.

지금 박물관으로 사용되는 접경통과소는 통일 이후 훼손되었고, 관리되지 않은 채 방치되었다. 인근 지역에는 경제적 요구로 산업화를 위한 공장이 들어서기 시작했다. 분단의 유산들은 점점 더 기억 속에 묻혀만 갔다.

그러나 곧 역사적 유산들이 지켜져야 한다는 의견이 확산되었다. 최북단 지역에 위치한 통과소라는 점만으로도 보존되어야 할 가치가 충분했다. 곧 보수가 시작되어 2004년 11월 9일 베를린장벽 붕괴 15주년 기념일에 문을 열었다. 북부 독일의 동서독 접경지역 현황을 보여주는 자료가 1층부터 지하층까지 가득하다. 또한 분단을 기억하는 교육장소로 활용되고 있다.

동독지역의 접경통과검문소: 제름스도르프

1945년 2차 세계대전이 끝난 후 소련 점령당국은 동독 메크렌부르크-포어폼메른에서 당시 영국이 점령했던 서독 쉬레스비히-홀슈타인으로 통하는 모든 도로와 철도를 차단했다. 단 하나의 예외로, 서독의 쉬루톱과 동독의 제름스도르프 간 통행만이 1947년 7월 15일까지 유지되었다. 하지만 이러한 통행도 오래가지 못하고, 동독은 1952년 5월 15일부터 서독 함부르크-뤼벡으로부터 동독 메크렌부르크로 향하는 모든 통행로를 닫았다.

1960년 3월 1일 냉전이 깊어 가는 가운데 동독은 최북단 통과지점으로 제름스도르프 접경통과검문소(GÜSt)를 설치했다. 처음에는 간이건물형태로 양 지역의 통행에 대한 검문과 관세를 처리했다. 1972년 8월 동독은 통과검문소를 확장하여 이전했다. 동서독 간 관계 개선에 따른 왕래 증가에 새로운 건물이 필요했기 때문이다.

접경통과검문소를 비롯한 삼엄한 접경방비시설은 지금은 흔적을 찾기 어렵다. 감시탑, 벙커, 철조망, 각종 통신장비 등은 모조리 철거되었다. '죽음의 지대'라 불리며 분단의 뼈아픈 고통을 안겨줬기 때문인지 이들은 하루빨리 눈앞에서 사라져야 할 대상으로만 생각되었다. 이러한 시설물이 훗날 역사적 가치가 있을 것으로 생각하지 못했다.

쉬루톱과 제름스도르프 간 경계이정표, 옛 분단선은 흔적도 없이 사라졌다. 시속 50km의 속도로 지나면 이곳이 분단선이었는지 알 수 없다. 그 시기, 얼마나 가깝고도 먼 선이었던가.

동서독의 북부 접경선 현황으로 푸른 점선이 접경선이다.
왼쪽 아래 서독의 쉬루톱과 동독의 제름스도르프가 서로 마주보고 있다.

52 = Beobachtungsturm BT(v) beim Priwall-Strand
54 = Beobachtungsturm BT(v) (Führungsstelle) der DDR-Grenztruppen
57 = Beobachtungsturm BT(r) bzw. BT 11 bei der Einfahrt zum Dassower See
58 = Beobachtungsturm der DDR-Grenztruppen südöstlich Volkstorf
59 = Beobachtungsturm BT(v) der DDR-Grenztruppen nordwestlich Dassow
60 = Beobachtungsbunker der DDR-Grenztruppen westlich Dassow
61 = Beobachtungsturm BT(v) der DDR-Grenztruppen westlich Dassow
62 = Beobachtungsturm BT(v) Führungsstelle der DDR-Grenztruppen südwestlich Dassow
63 = Beobachtungsturm BT(r) der DDR-Grenztruppen nordöstlich Zarnewenz
64 = Beobachtungsturm BT(v) der DDR-Grenztruppen östlich Teschow
65 = Beobachtungsturm BT(r) der DDR-Grenztruppen nordwestlich Teschow
66 = Beobachtungsturm BT(r) der DDR-Grenztruppen südwestlich Teschow
67 = BT(r) der DDR-Grenztruppen nordwestlich Selmsdorf

동독이 북부 해안선을 따라 설치한 감시탑 현황을 보여준다. 왼쪽 아래 67번이 제름스도르프이다.

동독이 설치한 접경방비시설을 보여준다. 왼쪽 아래 건널목 표시를 기점으로 좌측이 서독이고 우측이 동독이며, 붉은 선이 동서독 분단선이다.
동독영토를 표시하는 검정·빨강·노랑색의 콘크리트 국경표식지주가 서있고, 약간의 거리를 두고 약 3.2m 높이의 철조망장벽(1)이 있다. (2)는 콘크리트 차량방벽, (3)은 발자국탐지지대, (4)는 통신전선망, (5)는 콘크리트 감시탑, (6)은 감시벙커, (7)은 군견지대, (8)은 전기가 흐르는 경고철조망, (9)는 군견활동공간, (10)은 인근 마을주민의 시야를 차단하는 콘크리트 차단벽, (11)은 접경지 출입통제소다.

쉬루톱과 제름스도르프 접경통과소

1945년 전승4국에 의해 분단되었을 때 쉬루톱(영국군 점령)과 제름스도로프(소련군 점령) 경계선은 어느 집과 그 집의 별관 사이에 그어졌다.

서독은 쉬루톱 최초의 접경통과소로 3대의 차량을 이용한 임시시설을 사용하였다.

1972년 동독은 제름스도르프에 완벽한 건물 형태로 접경통괴검문소를 세웠다.

1979년 뤼벡 출발 접경통행버스가 제름스도르프 접경통과검문소로 향하고 있다.

다시 이어지다

1973년 7월 5일 새벽 3시 15분 쉬루툽에서 동독행 버스가 출발했다. 목적지는 동독의 접경통과검문소인 제름스도르프로, 1972년에 체결된 「기본조약」의 성과였다. 시운전으로 비록 승객은 없었지만, 다시 한 민족 간의 연결을 알리는 역사적인 순간이었다. 당시 첫차의 출발을 기념하며 찍은 사진으로, 사진 속 출발 일시를 알리는 안내문 실물이 현재 접경기록보관소에 전시되어 있다.

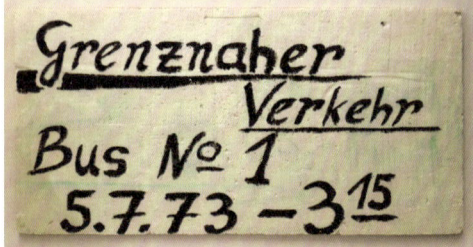

고무보트로 죽음의 바다를 건너다

1986년 11월 서독 언론은 한 사람 때문에 야단이 났다. 바로 고무보트를 타고 바다를 건너 동독을 탈출한 사건이었다. 기사의 주인공은 다름 아닌 당시 동독TV의 정치선동 프로그램인 "Der schwarze Kanal"(검은 통신)의 책임진행자로 유명했던 칼-에두아드 폰 쉬니츠러(Karl-Eduard von Schnitzler)의 조카 한스-칼 폰 쉬니츠러(Hans-Karl von Schnitzler)였다. 동독체제의 우월성을 선전하는 프로그램 책임자의 조카가 자유를 찾아 탈출한 것이다. 탈 수 있을지 조차 의문이 가는 고무보트에 의지해 죽음의 바다를 건넌 그의 이야기가 전시되어 있다.

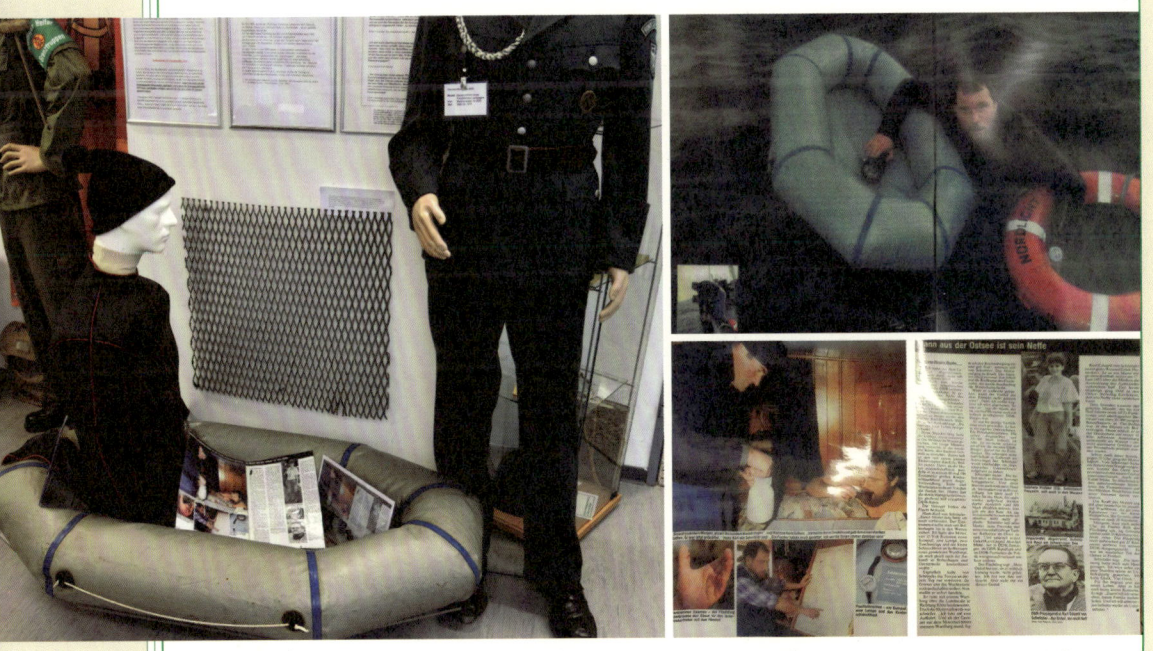

타고 온 보트, '자유수영자'란 제목이 붙은 구조될 당시 모습, 관련 기사

쓰레기 협력

1980년부터 쉬루툽 접경통과소를 거쳐 서독지역에서 수거한 쓰레기가 동독의 쇤베르크(Schönberg)에 위치한 200ha 규모의 하치장으로 옮겨졌다. 주로 서독의 함부르크, 뤼벡 등 쉬레스비히-홀슈타인주에서 수거한 것이다. 동독에서의 처리 비용이 훨씬 저렴했을 뿐만 아니라, 환경보호단체에 의한 반대가 그곳에서는 없었기 때문이다. 외환 부족에 시달렸던 동독은 1t당 약 50DM(서독마르크)를 받았다. 서독지역뿐만 아니라 이탈리아, 네덜란드 등으로부터도 쓰레기를 수입했다.

1982년부터는 서독의 독성폐기물도 동독으로 수출되었으며, 그 양은 1989년까지 수백만 톤에 달했다. 동독의 지상에 방치된 쓰레기가 지하수를 오염시켜 서독의 뤼벡 지역까지 영향을 미칠 것이라는 우려에서 당시 서독에서는 쓰레기 수출을 반대하는 시위가 열리기도 했다.

동독 쇤베르크 쓰레기 하치장

사진출처
https://www.mz-web.de/image/32393264/2x1/940/470/d95f6f43e326549b748b9d541f82abc0/ih/71-146446543--null--17-04-2019-15-00-46-467-.jpg

베를린장벽이 무너지기 직전 1989년 쉬루톱에서 독성폐기물의 동독 수출에 항의하는 집회를 연 서독의 환경운동가들과 이를 지켜보는 서독경찰

사진출처

https://www.ln-online.de/var/storage/images/ln/lokales/luebeck/demonstration-musik-gegen-muelltransporte/145301791-1-ger-DE/Demonstration-Musik-gegen-Muelltransporte_big_teaser_article.jpg

실내전시물

분단선 동쪽에는 삼엄한 감시탑과 철조망, 장벽이 설치되었던 반면, 서쪽에는 특별한 시설이 없었다. 경계선에서 동독을 바라보는 서독 사람들, "저 너머도 독일이다"(Auch drüben ist Deutschland)라는 간판에 비극이 담겼다.

1989년 11월 9일 분단 장벽이 무너지던 날, '트라비'를 타고 서독으로 넘어 온 사람들의 재회는 세상에서 가장 기쁘고 아름다운 웃음이었다. 우리에게도 이토록 감격스러운 날이 올는지…

동독지역 국경통과검문소. "신호 시 출발, 검사 시 엔진 정지"라는 표식 아래 동독 국경수비대용 지침서가 놓여있다.

접경선에서 동독이 탈출자 방지를 위해 사용하던 흔적들, 초기에 세워졌던 목제감시탑의 모형이 왼쪽에 보인다.

동독의 여권과 화폐, 서독의 여권과 동독 방문 시 여행 안내서

동독공산당 서기장 호네커를 풍자한 작품. 다른 사람들에게는 Kugel(총알)을 주면서, "나에게는 Kugel(여기서는 둥근 초코렛)을" 이라고 흡족해 한다.

사회주의 국가에서 제일 잘 살았다는 동독의 생산품들

동독에서 사용하던 휘장과 뱃지

동독군인의 모형과 관련 전시물

분단의 어제

1981년

사진출처
http://grenze-luebeck.de/14911.html

통일의 오늘

2020년

　접경통과검문소 건물은 그 때 그 모습 그대로 남겨져 현재 접경기록보존소로 활용되고 있다. 건물 앞마당에는 장벽의 잔해와 동독의 국민차 '트라비'가 전시되었다. 분단은 이제 기억이자 기념이다.

트라비 뒤 동독의 분단 철조망에는 미하엘 가르텐쉬래거(Michael Gartenschläger)를 포함하여 장벽을 넘으려다 비극을 맞았던 사람들을 소개하고 있다.

먼저 온 통일, 따뜻한 환대

2020년 봄, 신종 코로나 바이러스로 인한 집단감염으로 전 세계 많은 국가가 한국인의 입국을 금지하던 때였다. 동서독 접경 지역을 끝에서 끝까지 달리며 새로운 길을 찾아보겠다고 나섰지만 정작 길이 막혀 버렸다. 우여곡절을 겪고 독일 공항에 첫발을 내딛었을 때 우리를 마치 바이러스인양 쳐다보며 경계하던 사람들의 표정을 지금도 잊을 수 없다.

조심스런 마음으로 시골마을의 한적한 접경 박물관을 찾아갔다. 한국에서 왔다는 낯선 이방인을 맞은 노년의 소장은 어떤 마음이 들었을까? 우려와 달리 그가 준 따뜻한 환대는 우리의 여정에 한 가닥 빛이 되어 주었다. 자신이 경험했을 동서독 분단의 그 아팠던 과거를 회상하며, 지금의 분단국가에서 온 손님들을 위해 친절한 설명을 아끼지 않았다. 그의 환대는 분명 먼저 온 통일이었다.

공간 속 통일 2

1945 -,
1945-1989

    기념비 하나가 동서독 분단을 기억한다. 1956년 뤼벡-쉬루툽 주민들은 분단선 바로 앞 도로에 흑백사진에서 보이는 것처럼 "SLUT UP Getrennt 1945-"를 새긴 기념비를 세웠다. 'SLUT UP'은 이 마을 쉬루툽과 비슷하게 '쉬루트 업'으로 발음되며 옛 독일어로 '열려라'(Schließ auf)의 의미다. "열려라 분단 1945-"를 새기고 '분단' 밑에 철조망을 그린 것은 1945년 이래 철조망으로 된 분단이 언젠가는 열릴 것을 소망하며 그해의 숫자를 넣기 위해 공란으로 비워둔 것이다. 마침내 1989년 12월 23일 이곳의 벽이 열렸고, 이듬해 마을 주민들은 비석에 '1989'를 새겨 넣을 수 있었다. 기념비는 접경기록보존소 곁에 서있다.

02
헤른부르크 기차역

Bahnhof Herrnburg :
ehemaliger DDR-Grenzbahnhof für Interzonenzüge

동서독 접경선 ------

 동독 내독열차용 접경정거장

    뤼벡-쉬루툽 접경기록보관소에서 자동차로 15분여 달리면 헤른부르크 접경 기차역에 도착한다. 독일 최북단에 위치한 접경정거장으로 분단 시기 동서독을 왕래했던 열차의 동독쪽 접경역이다.
    동서독 사람들의 아픔과 눈물이 고스란히 베인 기차역과 플랫폼을 기억하고 싶었다. 하지만 기차역사가 없었다. 역명을 알리는 표지판, 곧게 뻗은 기찻길과 최신 건물에 들어선 상점만이 우리를 맞았다.
    따스한 봄날의 싱그러움과는 어울리지 않을 정도로 스산하기까지 했던 기차역 플랫폼에 마침 한 여성이 보였다. 다가가 흑백사진을 보여주었다. 분단 시기 기차역을 찍은 건물 사진. 그곳에서 나고 자랐다는 그녀는 사진 속 기차역을 처음 보고 듣는다고 했다. 기차 역사는 역사 속에 허물어져 자취를 감추었다.

영화 <스파이 브릿지>

<스파이 브릿지>는 미·소 냉전 당시 스파이 교환 실화를 바탕으로 만든 영화다. 영화의 한 장면을 보면, 주인공인 톰 행크스(제임스 도노반 역)는 비밀협상을 하러 동베를린에 왔다가 다시 서베를린으로 돌아가기 위해 열차에 오른다. 차창 밖으로 고개를 돌렸을 때 그는 베를린의 동독측 철조망 지역을 보게 된다. 바로 그때 서베를린으로 탈출하려던 탈주자가 동독 경계병에게 사살당하는 모습이 찰나로 스쳐 지나간다. 기차 안에서 이를 지켜보던 승객들의 표정이 클로즈업된다. 영화 소재였던 스파이 교환은 서독이 대가를 지불하고 동독의 정치범을 서독으로 데려와 자유롭게 하는 이른바 '자유거래'(Freikauf)에 큰 영향을 주었다.

분단의 어제

사진출처
https://tse3.mm.bing.net/th?id=OIP.ja6cURca0oWGBCT8mAhGyAHaE8&pid=Api&P=0&w=300&h=201

사진출처
https://tse3.mm.bing.net/th?id=OIP.jWr6zFzKCjhP2LvGeNCpOQHaE8&pid=Api&P=0&w=270&h=181

통일의 오늘

플랫폼의 정적을 깨고 서쪽에서 최신 열차가 미끄러져 들어온다. 분단 시기 기차를 맞았을 동독 사람들의 마음이 그려진다.

> 공간 속 통일

기찻길 옆 풀숲을 헤쳤다. 작은 흔적이라도 찾아보고 싶었다.
갑자기 토끼 한 마리가 화들짝 놀라 철길로 내달린다.
짓누르던 통제, 검문, 불안... 이제 작은 동물조차 자유다.

누더기길
Rag road

더 둘러보기

　독일 지역을 여행하다 보면 이곳이 과거 동서독 지역 중 어디였는지 궁금할 때가 있다. 그러나 독일사람들은 물론이고, 관광객들이라 해도 눈여겨보면 금방 구별할 수 있다. 심지어 집의 색깔로도 동서독을 구분할 수 있다. 동독 지역의 집들이 대부분 회색빛이나 무채색 계열로 사회주의의 전형적인 양식을 그대로 담고 있기 때문이다. 통일 이후 동독 지역에는 개발붐이 일면서 과거의 모습을 점차 잃어갔다. 옛 시절의 향수를 가지는 '오스탈기'(Ostalgie)라는 말도 생겨났다. 차를 타고 동독 지역으로 들어서면서 군데군데 땜질한, 이른바 누더기길을 마주했다. 오스탈기를 말하기는 민망하면서도 통일 이후 분단의 상처를 꿰매어 가는 세월의 흔적이라는 생각이 스친다. 덧대고 싸매면서 길을 이어가는 2020년 통일 30년의 현장이다.

누더기길이라 해도 어디든 그저 하나로 이어지는 통일의 길이 부럽기만 하다.

03

쉬락스도로프 접경박물관 겸 내독접경정보센터
**Grenzhus Schlagsdorf
Informationszentrum innerdeutsche Grenze**

동서독 접경선 - - - - - -

 산책길로 변한 3.5km의 접경순찰로

동독지역의 누더기길을 한참이나 달려 도착한 곳은 쉬락스도로프 접경박물관 겸 내독접경정보센터다. 옛 황실소작인의 역사적 건물을 활용하여 1998/99년에 문을 연 박물관은 동독의 북쪽 연방주였던 메크렌부르크-포어폼메른 지역에서 가장 크고 중요한 동서독 접경현황을 보여주는 장소다. 동시에 이 박물관은 엘베강(Elbe)과 샬호수(Schaalsee)의 생물다양성보호에 관한 자료·정보의 집합소 역할도 겸한다. 분단 시대 인간들의 변천사뿐만 아니라 그와 함께 진행되었던 자연환경의 변천사도 동시에 조망한다는 점이 특징이다. 또한 동독 공산 독재체제하에서 희생된 사람들의 아픈 역사도 집중적으로 담고 있다.

　　박물관에는 당시 동서독 접경상황을 실물 그대로 보여주는 전시물이 많다. 박물관에서 약 500m 떨어진 야외전시장의 철조망, 장벽, 감시탑은 1980년의 동독 접경방비시설물 원형을 그대로 보존했다. 3.5km에 걸친 당시 동독군의 순찰길은 현재 그뤼네스 반트 산책로로 조성되었다. 길을 걷다 보면 14곳에 각각 역사적인 사건과 의미를 보여주는 안내판이 설치되어 방문객을 맞는다. 전시물 중 철조망에 설치되었던 자동발사장치 SM-70의 흔적이 눈에 확 들어온다.

야외전시장

야외전시장 전경과 출입문

동독은 무려 5중이나 되는 방어물로 겹겹이 탈출을 막았다. 두 줄의 콘크리트 길은 동독 국경수비대가 차량으로 순찰을 하던 길이다. '코론넨벡'(Kolonnenweg)이라 불리는 이 길은 동서독 접경 1,393㎞ 전 구간에 설치되었다. 땅속으로 박힌 콘크리트 깊이만 약 15㎝에 이른다. 땅에 매설된 지 반백 년이 지났지만 여전히 부스러기 하나 떨어지지 않을 정도로 견고하다.

순찰로 옆에 고운 모래를 깔아 놓은 곳은 발자국이 찍힌 흔적을 보고 탈주자를 찾기 위한 장소, 이른바 발자국탐지지대이다. 움푹 파인 땅에 콘크리트를 비스듬히 매설한 것은 차량이 진입하는 것을 막기 위한 방어벽이다. 그리고 잠깐 손만 닿아도 베일 정도로 날카로운 철조망이 앞을 가로막는다. 그 철조망에는 SM-70이라는 자동발사장치가 설치되어 있고 구간에 따라 전기철조망을 설치한 곳도 있다.

철조망만 넘으면 바로 서독 땅에 닿을 수 있는 곳은 아니다. 철조망 앞에는 사람 키 높이의 두 배나 되는 높다란 콘크리트 장벽이 세워져 있다. 그리고 이 구간에는 높은 곳에서 내려다 볼 수 있는 감시탑은 물론 지하벙커와 군견, 탐조등 등의 시설을 설치하여 24시간 사람들을 감시했다.

1 사진 왼쪽부터 차량순찰로(코론넨벡), 발자국탐지지대, 차량방벽, 철조망장벽
2 지뢰와 함께 땅에 설치된 철조망
3 발자국탐지지대와 표지판
4 우뚝 솟은 콘크리트 감시탑이 주위를 제압한다.

감시벙커

철조망 앞에 설치된 감시벙커의 두 눈, 탈출자를 감시했던 날카로운 경계는 이제 녹슬고 바래졌다.

전기철조망

자유를 찾아 탈출하려는 자보다 지키는 자의 불안이 더욱 컸었나 보다. 하늘 높이 올린 철조망도 모자라 전기가 흐르도록 했다.

생물다양성보호

　엘베강 북부지역 생물다양성보호 안내센터를 겸하고 있는 박물관은 이 지역의 자연환경보호 그리고 그뤼네스 반트가 어떻게 진전되었는가를 보여준다.

통일 한 달 전인 1990년 9월 동독 정부는 이 지역 일대를 국립공원으로 지정했다.

자연보호지역임을 알려주는 부엉이 모양의 표식

날선 철조망

동독이 접경선에 설치했던 철조망은 손이 닿기만 해도 베일 정도로 날카롭게 날이 서 있는 특수재질로 만들어졌다. 당시 철조망의 실물이 동독 국경표식지주와 함께 전시되어 있다.

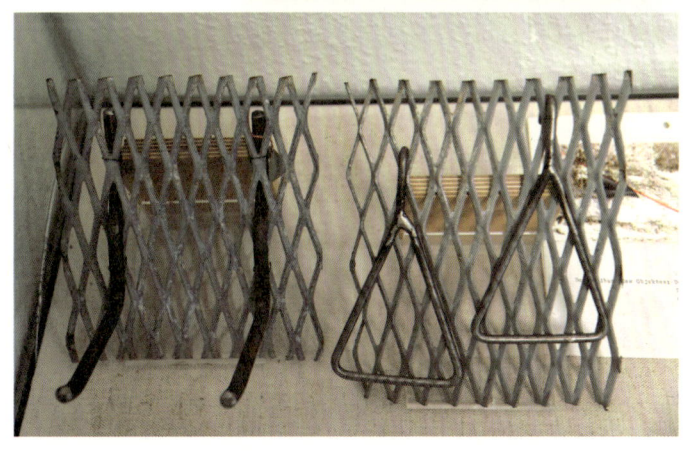

경계표지판

서독 접경수비대가 접경지역에서 사용했던 경계표지판들이다.

경고!
동독 접경하천
이 하천은 동독지역에 속한다.
어떠한 하천의 이용도 위험하다.
낚시는 293조 StGB에 의거 처벌된다.
서독접경수비대

여기서 정지
접경지역
서독접경수비대

정지!
참호통로
접경선
서독접경수비대

경고!
하천은 동독지역
낚시와 어로는
293조 StGB에 의거 처벌
서독접경수비대

경고
생명의 위험
소련군 지뢰 매설지역
서독접경수비대

동독이 접경지역에서 사용했던 경계표지판들이다.

🔴 **동**

| 정지 |
| 국경선! |
| 통과 금지! |

| 보호지대 |
| 발을 들여 놓거나 차량 통행 금지! |

| 접경지역 |
| 차단지역! |
| 발을 들여 놓거나 차량 통행은 특별허가자만 허용! |

| 지뢰 경고 |
| 차단! |
| 생명의 위험! |

| 보호지대 |
| 발을 들여 놓거나 차량 통행 금지! |

동서독 북부 접경지역 쉬락스도르프와 샬호수에서 이루어진 영토 교환

점선이 1945년 7월 1일 영국군 점령지역과 소련군 점령지역 간 분단선이다. 영국과 소련은 1945년 11월 13일 협정을 체결하여 1945년 11월 28일부터 검은선을 분단선으로 하였다. 사진 우측의 A와 B 지역의 영국군 점령지가 소련군 점령지로 되었고, 사진 왼쪽 X 지역이 소련군 점령지에서 영국군 점령지가 되었다. 샬호수가 분단선에 의해 동서로 나누어졌다.

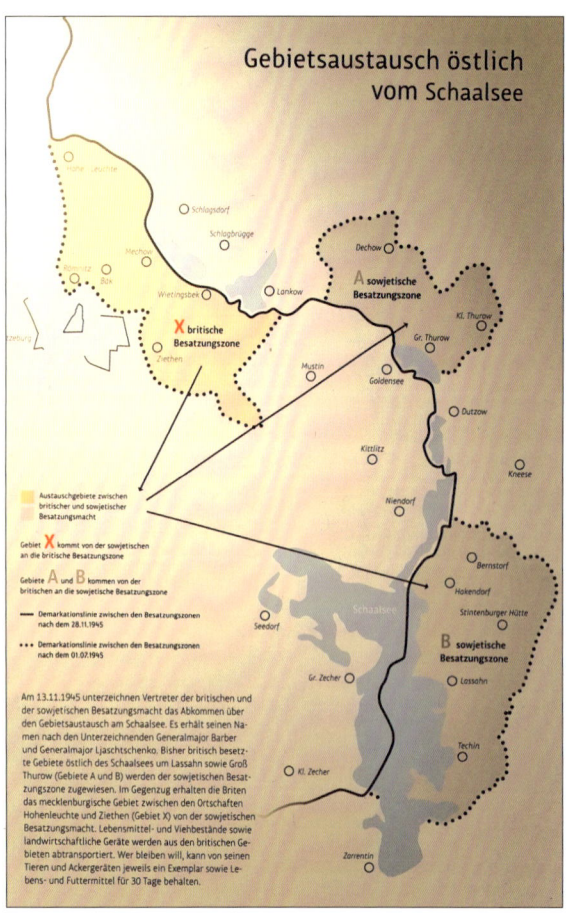

비공식요원(IM)

동독의 국가안보성은 접경지역의 주민 동향, 충성심을 감시하기 위해 비공식요원(IM)을 운영했다. 주민들은 누가 IM인지 알 수 없었다. 이웃, 직장동료, 남편도 IM일 수 있었다. 탈주 계획을 탐지하여 밀고하거나, 서독과의 접촉을 감시하고, 주민 내 정부정책 선전선동 등이 그들의 역할이었다. 오토 카만(Otto Kamann)은 1971년 IM이 되었고, 1975년부터 쉬락스도르프 일대의 책임을 맡아 1988년까지 40여 명의 IM을 관리하였다. 사진은 그의 활동 범위를 보여준다.

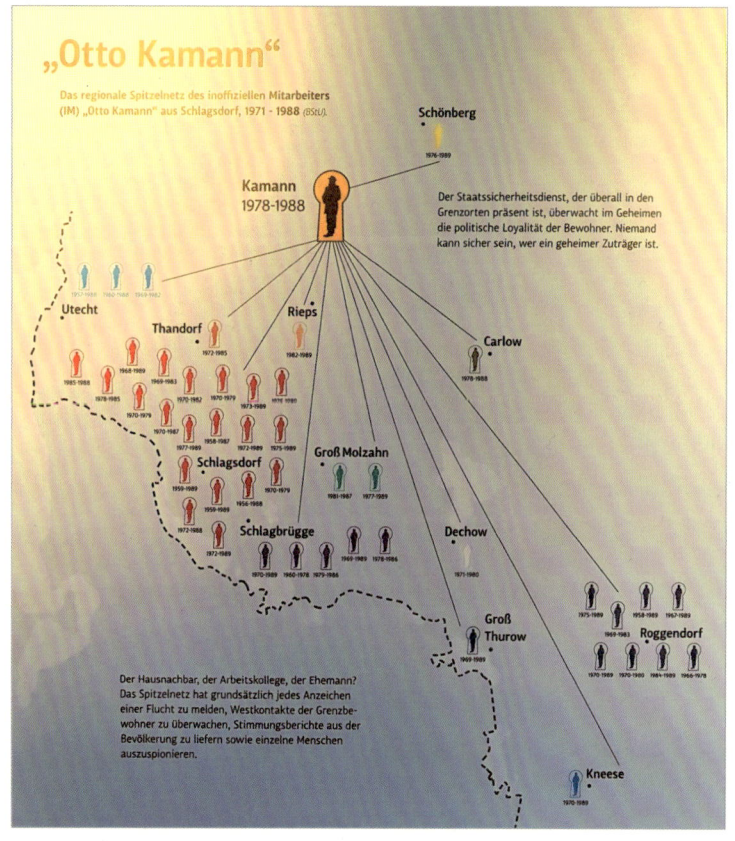

전시실 내부에 전시된 분단 소재 작품들

동독의 트라비와 서독의 벤츠가 서로 만나 하나의 독일이 되다.

분단의 통행금지
매듭 위로 비둘기가 날고 있다.

공간 속 통일 1

장벽의 공포

머리를 짜낸 콘크리트 장벽의 머리

　동서독을 가로막았던 콘크리트 장벽의 높이는 3.5m에 이른다. 다른 도구를 사용하지 않고는 도저히 넘을 수 없다. 그래서 갈고리를 걸어서 탈출하지 못하도록 머리를 둥글게 만들었다. 아니면 뾰족한 유리조각들을 촘촘히 박아 놓았다.

공간 속 통일 3

철조망의 봄

이쪽저쪽으로 가시 돋은 철조망이 하나인 공간을 갈라버렸다. 수십 번의 계절이 바뀌고 이념이라는 이름으로 서로를 나누지 않을 때 철조망 사이로 다시 봄꽃이 피었다.

01 독일문제(German Question)와 독일문제(German Problem)

제2차 세계대전이 끝난 후 전승 4국(미국·영국·불란서·소련)은 독일을 분할·점령하였고, 독일의 분단과 분단의 소멸에 관해 국제법적 권리를 가졌다. 독일은 동서로 나뉘어 동독은 소련이, 서독은 미·영·불이 점령하였다. 수도 베를린 역시 동서로 나뉘어 동베를린은 소련에 의해, 서베를린은 미·영·불에 의해 점령되었다. '독일문제'가 잉태된 것이다.

독일문제로 표현되는 독일분단의 문제에는 상반되는 두 가지 의미가 동시에 함축되어 있었다. 분단 이후 독일국민의 대다수에게 있어서 독일문제란 'German Question'을 의미하였고, 그것에 관한 다양한 견해 속에서도 공통분모는 독일민족을 어떻게 하나로 합칠 수 있을까 하는 것이었다. 반면에 독일 이웃국가들의 대다수 주민에게 있어서 독일문제는 'German Problem'을 의미하였으며, 그 주요 인식은 어떻게 하면 독일의 분단을 지속시킬 수 있을까 하는 것이었다.

분단기간 동안 전승 4국이 독일의 분단에 관해 견지한 입장은 다음과 같다. 첫째, 독일은 언젠가는 통일될 것이다. 둘째, 그 방식은 민족자결권의 행사에 의한다. 셋째, 그러나 독일의 통일은 "정치적 현안은 아니다"(not current issue). 동서가 대립하는 가운데 소련은 동독을, 미·영·불은 서독을 확고하게 통제할 수 있다는 판단 아래 전승 4국이 독일통일에 관한 립서비스였다.

전승 4국을 포함하여 유럽의 모든 국가들은 독일의 통일로 인해 유럽의 기존질서가 흔들려지는 것을 원하지 않았다. 특히 '제2의 라인강의 기적'을 실현하고 있었던 1989년 당시의 막강한 경제력을 바탕으로, 통일 이후 강력한 군사력을 건설하고 유럽의 중부에 위치한 지정학적인 이점을 활용하여 동서 양쪽으로 팽창하는 독일의 모습은 그들로서는 생각조차 하기 싫은 환영(幻影)이었다. 군국주의적 국가의 발전과정, 1차 및 2차 세계대전과 국가사회주의자(Nationalsozialist), 즉 나찌를 체험한 그들로서는 프로이쎈-독일의 유령을 쉽사리 떨쳐버릴 수 없었던 것이 당연했다. 그럼에도 불구하고 베를린장벽이 무너졌다.

04
자유로의 비상구
Notausgang zur Freiheit

동서독 접경선 ------

미완의 탈출 그리고 기억의 숲길

　동서독 접경을 달리다 보면 서독으로 탈출을 시도하다 숨진 사람들을 애도하는 기억의 장소가 곳곳에 있다. 쉬락스도르프 접경박물관을 출발해 다음 목적지로 향하던 중 도로 옆 표지판에 눈길이 갔다. 급히 차를 세우고 숲속으로 난 길을 따라 한참을 걸었다. 이곳이 그뤼네스 반트임을 알리는 부엉이 표지판과 함께 사진 한 장이 담긴 안내문이 보인다.

1986년 11월 20일 동독 국경수비병이 서독으로 탈출을 시도했던 현장 상황을 동독 국가안보성이 기록한 것이다. 병사는 이 철조망을 넘어 호수에 뛰어들어 헤엄쳐 건너려다 잡히고 말았다. 경계선을 불과 300m 앞두고…

철조망이 놓였던 자리에 봄꽃이 만개했다. 목숨 걸고 자유를 찾고자 했으나 실패했던 스무 살 청년의 간절함이 오롯이 배어 있는 듯하다. 표지판 너머로 그가 그토록 넘고자 했던 호수가 보인다.

팔후우스

PAHLHUUS
Informationszentrum des UNESCO-Biosphärenreservates Schaalsee
Biosphärenreservatsamtes Schaalsee-Elbe

샬호수 유네스코 생물권보전지역정보센터 겸
샬호수-엘베강 생물권보전지역관리청

함부르크

동서독 접경선 - - - - - -

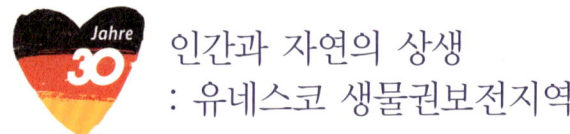

인간과 자연의 상생
: 유네스코 생물권보전지역

바다가 아닌지 착각할 정도로 큰 호수, 호수에서 불어오는 바람의 안내를 받으며 팔후우스(PAHLHUUS)에 도착했다. 팔후우스는 샬호수-유네스코 생물권보전지역정보센터와, 샬호수-엘베강 생물권보전지역관리청을 겸하고 있다.

동서독 접경선 전역에 조성된 그뤼네스 반트 가운데 엘베강-샬호수 생물권지역은 가장 핵심적인 지역으로 손꼽힌다. 이곳은 특히 희귀 동·식물이 자연 상태로 보호될 뿐만 아니라 훼손된 동·식물이 회복해 가는 지역이며, 관광객들의 휴양지로도 널리 알려져 있다.

1990년 9월, 통일 한 달 전에 동독 정부는 샬호수 주변을 국립공원으로 지정했다. 통일 이후에는 생물권보전지역으로 발전했다. '독일환경·자연보호연맹'(Bund für Umwelt und Naturschutz Deutschland), 이른바 '분트'(BUND)는 이 지역을 확장했고, 전 국가적 차원에서 자연이 보호되어야 할 상징지역으로 조성했

다. 노력의 결실로 2000년 샬호수는 유네스코 생물권보전지역으로 지정되었다.

유네스코「인간과 생물권계획」(MAB)은 어떻게 인간이 생물다양성을 보호할 것인가, 또한 이를 경제적·사회적 발전과 문화가치, 지속적인 보전과 연계시킬 것인가를 실현하고자 한다. 자연을 보호한다는 취지의 국립공원의 개념과는 달리 MAB은 인간의 경제적 활동을 생물권 보전과 함께 고려하는 것이다. 샬호수의 유네스코 생물권보전지역은 그러한 원칙에 따라 농업, 어업, 산림, 관광 그리고 인간의 거주, 교통 기반시설, 산업 활동을 지속적인 환경 및 생태계 보호·보전과 함께 실천하고 있다.

이러한 활동을 위해 북부 독일권역에는 되미츠(Dömitz), 보이쩬부르크(Boizenburg), 짜렌틴(Zarrentin), 쉬락스도르프(Schlagsdorf) 등 4곳에 '생물권보호연맹 정보센터'가 자리 잡고 있다. 팔후우스는 짜렌틴에 위치한 곳으로 유일하게 유네스코에 등록된 곳이다. 샬호수 생물권보전지역의 총괄센터 기능을 하면서 동서독 접경지역에서 그뤼네스 반트가 어떻게 형성되었는지, 그 지역이 어떻게 생물권보전지역으로 발전되었는지에 대한 역사를 잘 보여주고 있다.

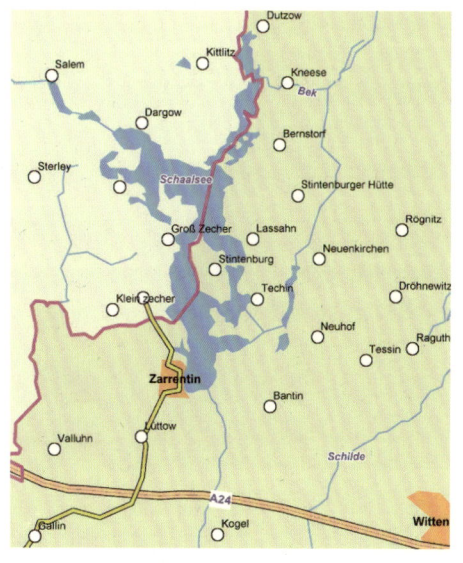

지도출처
https://upload.wikimedia.org/wikipedia/commons/5/53/Schaalsee.png

야외전시장

분단 시기 사람의 손이 이르지 않은 곳에 새로운 생명이 움트고 있었다.
죽음의 띠는 새로운 생명을 잉태한 어머니의 품이 되었다. 분단선은 그렇게 다시 태어났다.

곤충호텔, 인간에 의해 자연은 새로운 삶을 얻기도 한다.

◀ 샬호수 천변의 습지에 조성된 습지체험로 (Moorerlebnispfad), 유럽연합이 투자했다는 표지판이 보인다.

◀◀ 죽은 나무는 산 생물이 서식하는 공간으로 활용되고 있다.

◀ 자연 그대로의 습지

◀ 서식하고 있는 식물을 철판을 활용하여 소개한다.

공간 속 통일

호수를 둘러싼 분단

　호수 하나를 사이에 두고 동서독이라는 이름으로 나뉘었다. 수평선 끝자락 어딘가에 헤어져 살아가는 가족의 집이 있었을지도 모른다. 금방이라도 닿을 것 같은 호수 언저리에서 일렁이는 물결 위에 그리움만 전했다. 분단의 경계는 사라져 두 갈래의 물줄기는 합쳐졌다. 호수에 이르는 길은 이제 하나다. 푸르른 숲과 맑은 공기, 그토록 원했던 자유.

동독의 마지막 선물: 국립공원계획

독일통일(1990.10.3) 직전인 9월 동독 정부는 마지막 내각 회의에서 '국립공원계획'(Nationalparkprogramm)을 통과시켰다. 동독 자연보호자들의 노력이 결실을 보는 순간이었다. 접경선 인근의 차단지역, 국가사냥지역, 군훈련지 등에서 귀중한 자연환경을 지속적으로 보호하기 위한 결정이 동독이 서독으로 편입되어 통일되기 직전에 이루어진 것이다.

통일조약의 한 부분을 이룬 이 계획에는 모두 300,200ha 규모의 6개 생물권보전지역, 129,500ha 규모의 5개 국립공원, 55,800ha 규모의 3개 자연공원이 포함되었다. 16,200ha 규모(축구장 22,800개 크기)의 샬호수 자연공원도 여기에 속한다. 사진은 '자연공원'(Naturpark) 표지판이 설치된 공원길과 샬호수의 생물다양성을 보여준다.

분단 기간 동서독의 자연보호자들 간에는 개인적인 접촉만 가능했고, 국가적 차원에서의 교류는 없었다. 동독이 1976년 유네스코 생물권보전계획에 참여한 반면, 서독은 자연공원과 국립공원을 선호했다. 1985년 서독 쉬레스비히-홀슈타인 주지사인 우베 바르쉘(Uwe Barschel)은 샬호수와 주변의 호수, 그리고 천변지역을 포함하는 동서독 접경지역에 초접경보호지역을 설치하자고 제안했다. 동독도 여기에 관심을 표명해 1987년에는 동서독 간에「환경보호협정」이 체결되었다. 그리고 1990년 동독이 역사 속에 사라지기 직전에서야 자연보호대계획이 실현된 것이다.

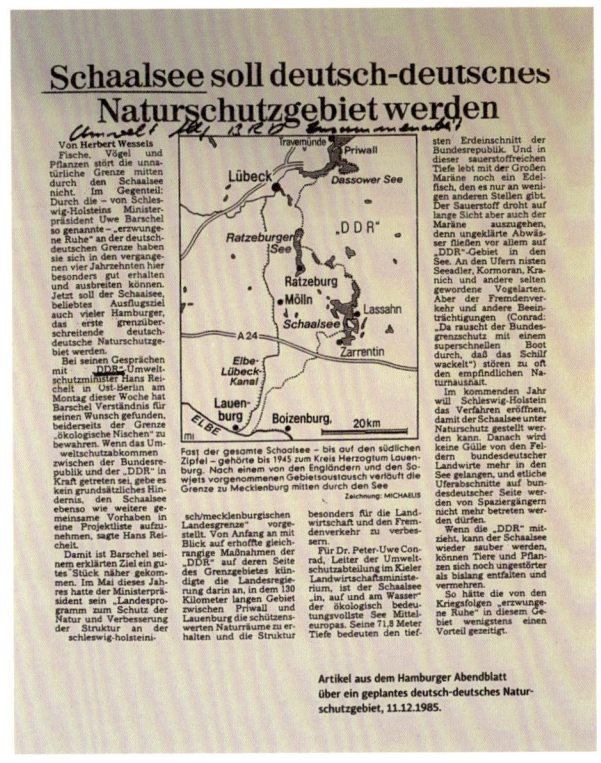

샬호수를 대상으로 한 동서독 자연보호협력을 담은 당시 언론보도

06
프리스터카테 뷔헨
Priesterkate Büchen

함부르크

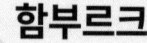
동서독 접경선

 ## 서독의 작은 마을회관

    프리스터카테는 서독의 쉬레스비히-홀슈타인주 뷔헨에 속하며, 동독의 메크렌부르크주를 마주 보는 접경지역의 조그만 마을회관이다. 1945년 분단의 직격탄을 맞은 이곳에서 마을 사람들이 함께 모여 아픔을 달래고 위안을 받았다. 우리가 이곳을 찾았을 때도 마치 동화에서나 나올법한 삼각형 모양의 목조건물과 이끼가 덮인 지붕 아래에 마을 사람들이 모여 연회가 한창이었다. 건물 2층은 당시 분단과 접경지역의 상황을 보여주는 작은 박물관으로 꾸며졌다. 건물 바깥에는 동독 접경지역 방비시설의 실물을 전시하고 있다.

실내전시물

동독 국가안보성 요원이 접경지에 투입된 경우 은성메달과 1,500M(동독마르크)의 장려금이 수여되었다. 이 돈으로 젊은 요원은 카세트테이프 녹음기를 샀다는 내용이 적혀있다.

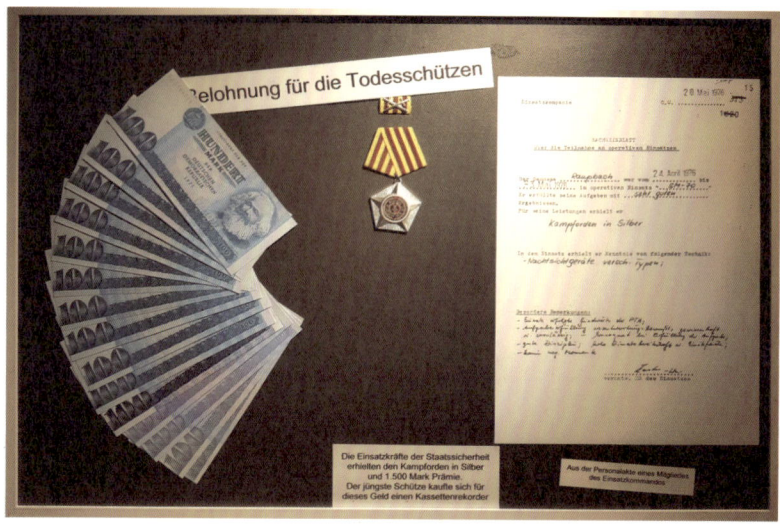

"너는 너의 조국을 사랑해야만 하고, 노동자와 농민의 권력을 수호하기 위해 너의 모든 힘과 능력을 쏟을 태세를 항상 갖추어야 한다"라는 글귀가 적혀있다.

서독은 1988년부터 접경지역 근무 여성 세관원에게도 무장 접경감시근무를 허용했다. 이들이 접경표지판 앞에서 동독쪽을 바라보고 있다.

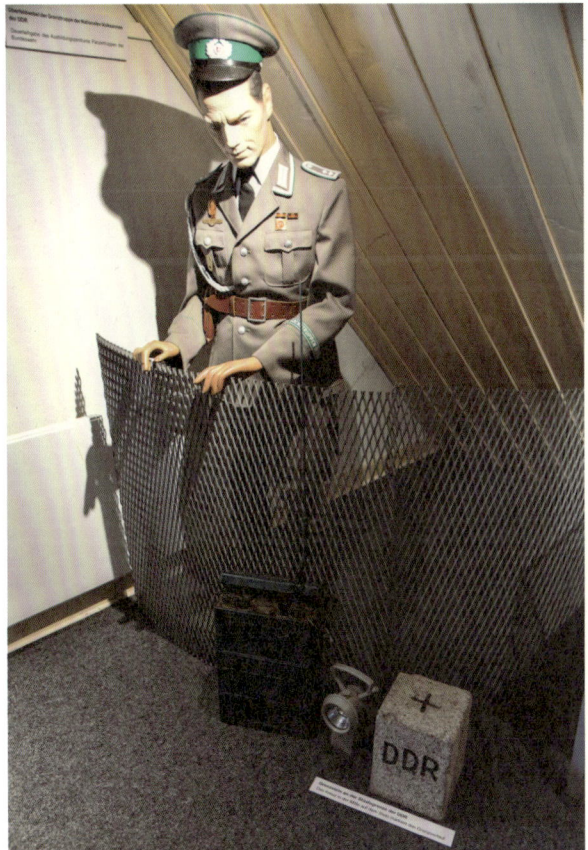

청년 미하엘 가르텐쉬래거(Michael Gartenschläger, 1944~1976)

미하엘 가르텐쉬래거는 동독 공산 독재체제의 잔악함을 몸으로 체험했던 사람이다. 프리스터카테는 그의 비극을 소개하고 있다. 동독에서 태어난 그는 17세 때인 1961년 친구들과 함께 베를린장벽과 동서독장벽이 세워진 것에 항의하다 체제 반대와 방화 혐의로 무기징역을 선고받고 감옥에 갇혔다. 검찰구형은 사형이었다.

1971년 그는 서독이 동독 정부에 대가를 지불하고 동독의 정치범을 서독으로 데려오는 이른바 '자유거래'(Freikauf)에 의해 서독으로 넘어올 수 있었다. 함부르크에서 새로운 삶을 시작한 이후, 줄곧 동독 독재체제에 맞서는 활동을 했다. 동독으로부터 서독으로 탈출하려는 사람들을 도와주는 것은 물론이고, 동독이 철조망장벽에 설치한 비인도적인 자동발사장치(SM-70형)도 두 번이나 직접 제거했다.

1976년 4월 30일 그는 프리스터카테 인근 브뢰덴(Bröthen) 접경선에 접근해 자동발사장치를 철거하려다 동독비밀경찰인 '슈타지'(Stasi)에 의해 사살되고 말았다. 동독은 이후 자동발사장치에 덮개를 씌우는 보완조치를 취했다. 죽은 장소에 친구들이 그의 값진 희생을 기리는 십자가를 세웠다.

　　1961년 9월 동독에서 노동자계급의 적, 당과 정부의 적으로 유죄판결을 받을 당시 법정 사진(위 중앙), 그의 얼굴 사진(위, 우측), 서독으로 건너와 활동할 당시 사망 직전인 1976년 4월 접경선에서 동독지역을 보는 사진(아래, 좌측), 사살된 그의 시신(중앙), 그리고 그를 기리는 십자가가 보인다.

SM-70형 자동발사장치

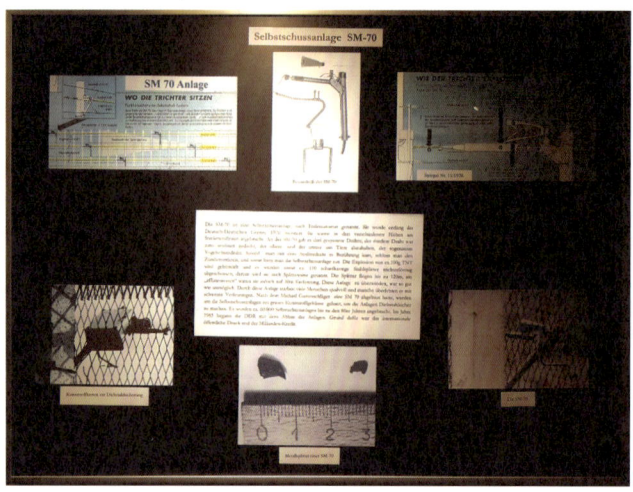

　프리스터카테에는 자동발사장치 SM-70의 성능과 작동원리를 보여주는 사진이 전시되어 있다.

　'죽음의 자동기계'(Todesautomat)라 불렸던 SM-70형 자동발사장치는 동서독 접경선에 동독이 1970년에 설치했다. 연결선을 건드리면 약 100g의 TNT가 폭발하면서 110여개의 쇳조각이 탄환으로 날아간다. 사정거리는 120m지만 유효사거리는 10m다. 철조망 장벽에 삼중으로 설치된 자동발사장치를 빠져나가기란 사실상 불가능하다. 가르텐쉬래거가 SM-70형 발사장치를 두 번이나 제거하자, 이후 동독 국경수비대는 자동발사장지에 상자형 곽을 씌워 도난을 방지했다. 1980년대까지 약 6만여 개의 자동발사장치가 설치되었고, 1983년부터 동독은 국제적 비난과 경제적 어려움으로 인해 장치를 해체하기 시작했다.

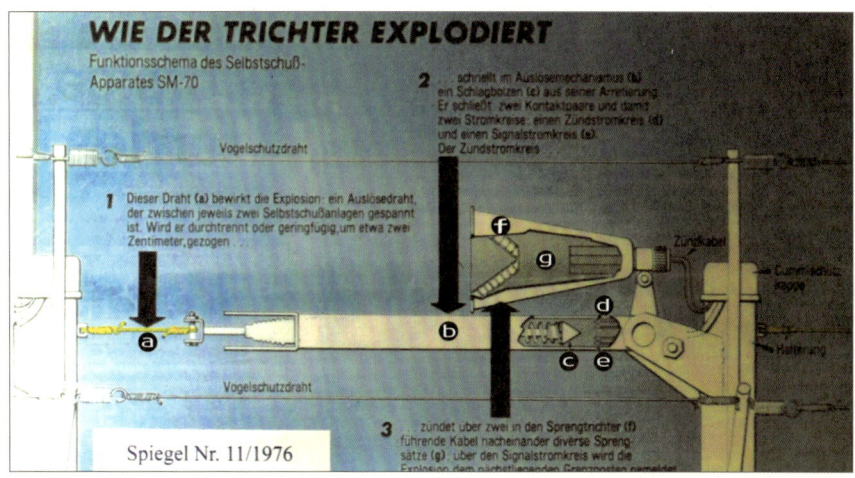

　　SM-70형 자동발사장치의 작동원리: 탈출 시도자가 그림ⓐ의 선을 움직이게 되면 그림ⓑ가 뒤쪽으로 밀리면서 그림ⓒ부분이 전기가 흐르는 그림ⓓ와 ⓔ에 접촉하게 된다. 그림ⓖ의 장약이 폭발하면서 그림ⓕ의 탄환이 발사된다. 위와 아래의 두 선은 새나 동물들이 발사촉발선에 앉지 못하도록 방지하는 선이다.

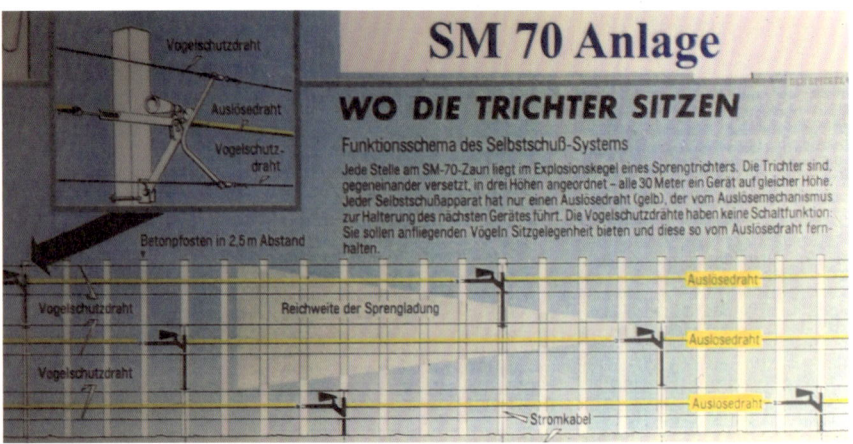

SM-70형 자동발사장치는 철조망 장벽에 30m 간격으로 삼중으로 설치되어 탈출자가 빠져나가지 못하도록 하였다. 각 발사촉발선 위·아래로 새나 동물 방지선이 보인다.

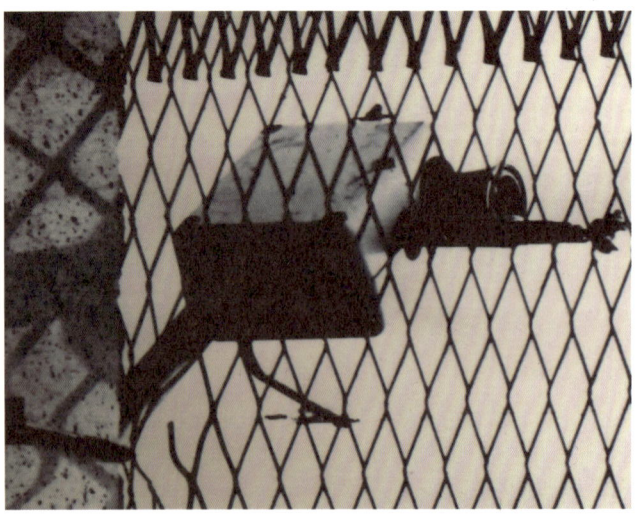

미하일 가르텐쉬래거의 자동발사장치 해체 시도 이후 상자형 곽이 덮였다.

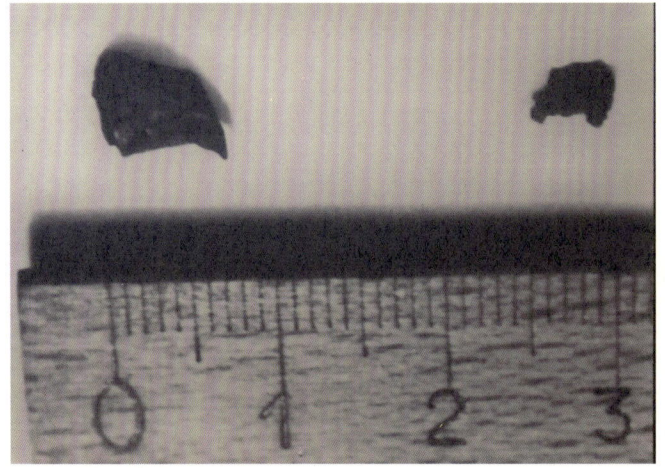

자동발사장치의 탄환과 크기

영화 <벌룬>의 한 장면

영화 <벌룬>은 열기구를 타고 동독을 탈출했던 가족들의 실화를 다루었다. 영화의 첫 장면은 탈출자가 철조망을 넘다 자동발사장치의 탄환에 맞아 숨을 거두는 모습으로 시작된다.

지뢰

동독은 1961년 10월 25일 접경지역에 지뢰 설치를 시작했다. 대부분 지뢰는 직접 건드리면 폭발했으나, 연결된 선을 건드리면 폭발하는 종류도 있었다. 기술 개발을 통해 탈출자를 죽이지 않고 심각한 상처를 입혀 체포할 수 있는 신형 지뢰가 부설되었다. 지뢰의 수는 약 1백 3십만 기로 추정된다. 비인도적 처사에 대한 국제여론이 악화하자 동독은 1983년부터 지뢰를 제거하기 시작했으나, 통일되기 전까지 약 3만 3천 기의 지뢰가 접경지역에 남아 있었던 것으로 파악되었다.

화폐밀수

서독화폐 'DM'이 동독화폐 'M' 보다 구매력이 월등히 높았기 때문에 서독 방문 동독인들은 DM을 숨겨 밀수했다. 또한 서독인이 동독 친척에게 선물을 보낼 때 DM을 숨겨서 부쳤다. 동독과 서독 화폐 간의 공식환율은 4:1이었으나, 암시장에서 25:1까지 거래되기도 했다. 사진은 책 속에 DM을 숨겨 밀수한 사례다.

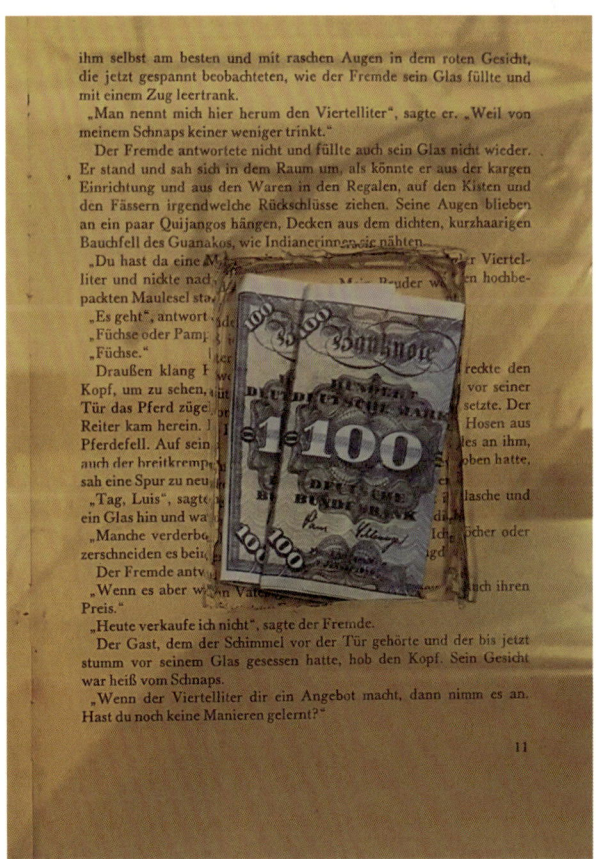

실외전시장

장벽에 비낀 세월의 흔적

철옹성같이 굳건하던 장벽도 세월의 무게 앞에 녹슬고 갈라졌다. 콘크리트 장벽에 틈이 생기고 조각들이 떨어져 뒹군다. 분단의 파편들은 이제 자연 속에 묻혔다.

그뤼네스 반트

프리스터카테와 주변의 라우엔부르크호수(Lauenburgische See) 일대는 그뤼네스 반트 내 자연공원(Naturpark)이다. 사진은 이를 소개하고 있다.

독일통일 10선

02 '통일' 보다 '통합'에 초점을 둔 서독의 외교

패전국인 서독은 전쟁 도발의 과오를 벗고 국제사회의 일원이 되기 위해 모든 주변 국가와 우호 관계를 증진하고자 했다. 이를 위해 어느 한쪽만을 택하는(entweder-oder) 것이 아닌 모든 쪽을 향하는(sowohl-als-auch) 외교정책이 필요하다는 인식을 서독은 정부수립 이후 한 번도 잊어본 적이 없었다.

서독은 통일도 미·소 간, 서방과 동방 간의 화해·협력 속에서만 가능하다고 판단하고, 국가를 성장시킴과 동시에 통일에 유리한 환경을 조성하기 위해 '통합정책'(Integrationspolitik)을 추진했다. 통합정책은 분단부터 통일에 이르기까지 세계정세의 변화에 따라 3단계로 구분·추진됐다.

먼저 미·소가 대결했던 냉전의 시기에는 미국을 중심으로 하는 철저한 '서방통합정책'(Westintegrationspolitik)을 통해 건국, 군사적 재무장과 NATO 가입, 경제성장('마샬플랜'에 의한 지원을 바탕으로 '라인강의 기적')을 이룩함과 동시에 서방으로부터 신뢰를 획득했다.

다음으로 미·소가 화해했던 긴장완화의 데탕트(Détente)시기에는 '신동방정책'(Neue Ostpolitik)을 기조로 하는 '동방통합정책'(Ostintegrationspolitik)을 추진해 소련 및 폴란드와 우호조약을 체결하고(1971년), 동구권과의 관계 개선을 통해 동구의 거대한 시장을 획득함과 동시에 동독과 「기본조약」을 체결했다(1972년). 또한 동서 간 해빙의 분위기 속에서 1975년 「헬싱키최종의정서」를 통해 출범한 「유럽안보협력회의」(CSCE, 현 OSCE)의 촉매 역할을 했다.

1979년 소련의 아프가니스탄 침공을 계기로 시작된 신냉전의 시기에는 다시 서방통합을 중점으로 하되 CSCE를 통해 동구권과 간접적 협력을 지속하는 '균형정책'을 추진했다. CSCE를 무대로 유럽에서의 정치력을 발휘하면서 경제력을 바탕으로 동독 및 동구권과의 관계를 유지했다.

결국 서독은 국제정세의 가파른 변화 속에서 현실적, 능동적으로 대응하는 통합정책을 통해 국력을 증대시키고, 동서방 양 진영에 서독이 과거의 파쇼국가가 아니라 함께 평화적으로 공동 번영할 수 있는 훌륭한 파트너란 인식을 심어주면서 통일에 우호적인 분위기를 조성해 나갔다.

통합정책에서 중요했던 점은 미국과의 굳건한 동맹관계이다. 서독은 미국의 힘을 인정하고, 미국이 전개하는 세계전략의 틀을 거스르지 않고 편승하면서 국가이익을 이끄는 '현실정책'(Realpolitik)을 추진하였다.

냉전 시기에는 미국을 중심으로 하는 서방통합의 첨병으로 역할하면서 경제 및 군사력을 배양하였다. 데탕트 시기에는 미국의 지지 아래 동구 사회주의국가 및 동독과의 관계를 개선하고 베를린문제를 해결하였다. 1948~1949년 간 소련과 동독이 서독에서 서베를린으로 연결되는 철도·도로를 차단하면서 발생한 베를린문제는 1972년 전승 4국 간 「베를린협정」이 체결되면서 해결되었다. 미국이 소련을 설득하고, 소련이 동독을 설득하여 체결된 동 협정으로 서독과 서베를린 간 통행이 보장된 것이다.

한편 신냉전의 시기에 서독은 다시 한번 대 공산권 방위의 전초기지 역할을 하면서, 미국의 동의 아래 CSCE를 무대로 동독 및 동구 사회주의국가와의 관계를 지속하였다. 그리고 그 연장선에서 통일 가능성이 도래한 순간, 미국의 지지를 통일의 밑거름으로 삼았다.

쉬반하이데 기차역
Bahnhof Schwanheide

함부르크

부흐홀쯔

동서독 접경선 ━ ━ ━ ━ ━ ━

 ## 서독과 서베를린 사이를 오가던 기찻길

    1945년 분단 이전에 동서독 간에는 47개의 철로가 운행되었다. 어디든 통했던 기찻길은 분단 후 9개만이 겨우 남았다. 그마저도 2개는 화물열차로만 사용되었다. 통일 이후 9개 철로 가운데 가장 중요한 철로만 보수되어 사용되고 있고, 나머지는 통과지로 사용되면서 기차 역사도 사라졌다.

    분단 시절, 서독 지역인 함부르크에서 출발한 기차는 뷔헨을 거쳐 접경선을 지나 동독에 위치한 쉬반하이데(Schwanheide)역에서 정차해 검문을 받았다. 서독과 서베를린 사이를 오가는 4개 열차 노선 가운데 하나였다.

    당시 쉬반하이데 역사는 이제 사라지고 지금은 부속건물만 텅 빈 채 남아있다. 흔적조차 찾을 수 없었던 헤른부르크역에 비하면 그나마 다행이었다. 녹슬고 낡아 깨어진 유리창 조각들이 볼썽사납게 뒹굴었지만, 볼 수 있는 것만으로도 더없이 감격스러웠다.

분단의 어제

사진출처
http://www.siue.edu/GEOGRAPHY/ONLINE/German_border/border2/001.htm

통일의 오늘

창문은 깨지고 건물벽은 부스러졌다.

장벽이 걷힌 지 30년이 흐르고 그 시절은 잔해가 되어 땅에 누웠다. 겨울, 봄이 여러 번 지나면서 자연도 아픈 과거를 잊어간다.

그뤼네스 반트

서독의 쉬레스비히-홀슈타인주를 마주 보는 동독의 메크렌부르크-포어폼메른주 접경지인 쉬반하이데는 엘베강의 지류에 위치한다. 이곳을 포함하여 동서독 5개 연방주에 걸친 엘베강 400여km, 넓이 약 282,250ha가 유네스코 생물권보전지역으로 지정되었다. 그중에서 메크렌부르크주는 약 46,100ha를 차지한다. 거의 멸종되었던 수달이 다시 살아났고, 여름에는 목초지에 흰색황새가 날아다니고, 200여 종의 철새가 이곳에서 겨울을 난다. 그 내용을 소개하는 표지판이 서 있다.

08

마을공화국 뤼터베르크 기념소
Denkmal Dorfrepublik Rüterberg

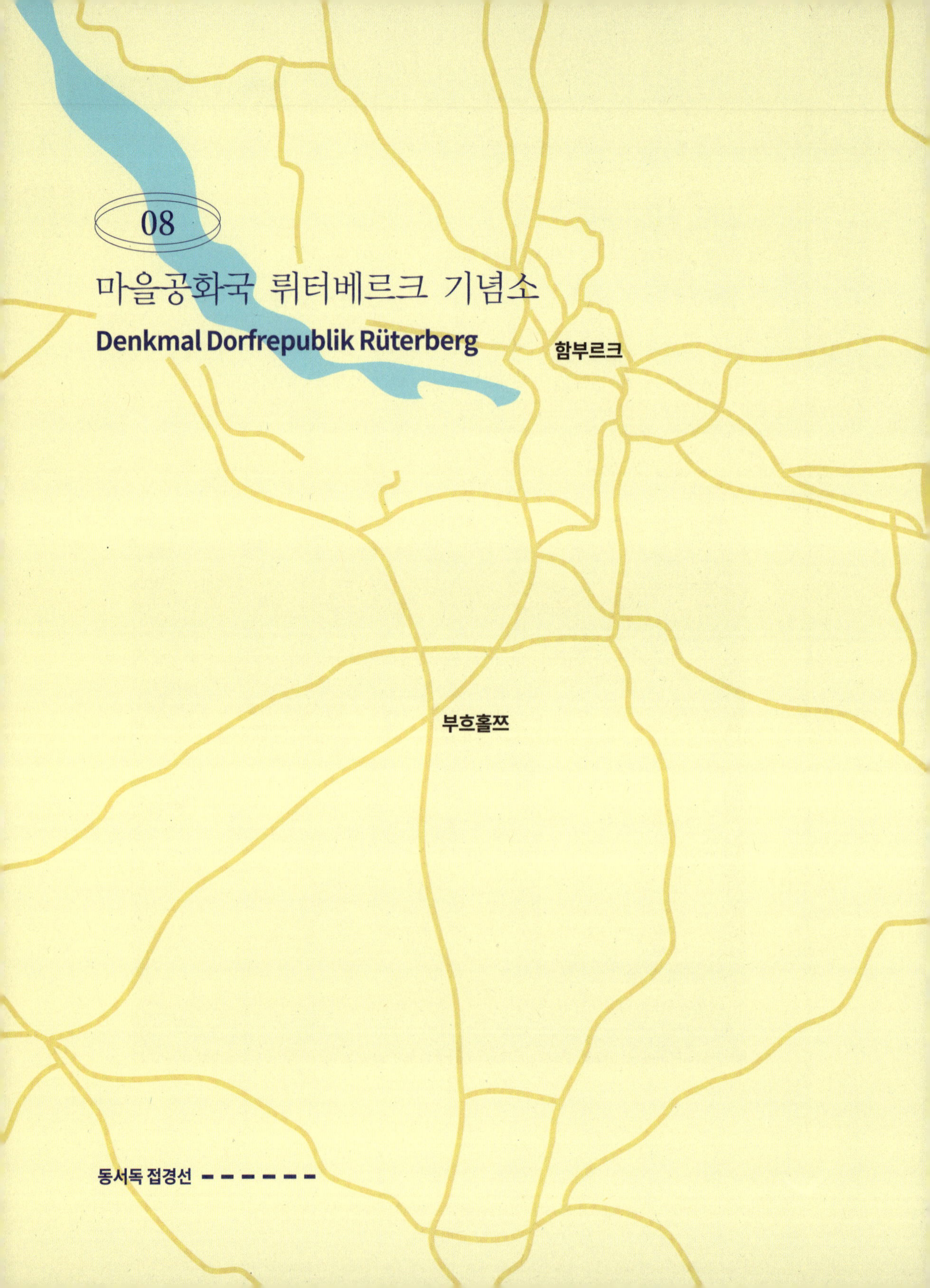

함부르크

부흐홀쯔

동서독 접경선 ------

 미획정 엘베강의 비애

　도르프리퍼브릭(Dorfrepublik: 마을공화국) 뤼터베르크(Rüterberg)는 전쟁이 끝난 후 영국군 주둔지역이었으나 이후 영토교환을 통해 소련군 점령지역으로 바뀌었다. 동독이 건국하면서 메크렌부르크-포어폼메른주에 속하게 되어 엘베강을 사이에 두고 서독의 니더작센주 란트자츠(Landsatz)와 마주 보는 접경지역이 되었다. 1952년부터 차단지대가 설정되고 통행증 없이는 마을을 출입할 수가 없었다. 마을 앞 엘베강을 따라서 철조망이 쳐졌고, 동독 정부의 이주 정책에 의해 많은 주민이 강압적 이주와 토지 몰수를 당했다. 마을 주민의 수가 급감하여 1961년 약 300명이었던 주민이 1989년에는 150명으로 줄었다.

　1966년 동서독 사이에 영토분쟁이 일어났다. 서독은 인근 엘베강 수면 전체에 대한 주권을 주장한 반면, 동독은 강의 중간선이 경계선이란 주장을 굽히지 않았다. 결국, 이 엘베강 부분은 통일이 되기까지 동서독 간 영토 경계 획정이 이루어지지 못했다.

　이 갈등의 여파로 마을 앞 강변과 마을 주변에는 두 번째의 철조망이 세워지고, 뤼터베르크는 동독 자체로부터도 격리된 지역이 되고 말았다. 엄중한 감시가 이루어지는 통문을 통해 통행증을 제시해야 겨우 출입이 허용되었다. 그마저도 밤 11시에서 새벽 5시까지는 모든 출입이 차단되었고, 외부인의 방문은 일절 허용되지 않았다.

마을공화국 뤼터베르크는 동서독이 접경선 획정에 합의하지 못한 엘베강 구획 내에 위치한다. 아래 그림 라우엔부르크(Lauenburg)에서 쉬나켄부르크(Schnackenburg) 구간이 미획정된 접경지역이다. 뤼터베르크는 Dömitz(되미츠) 좌측에 자리 잡고 있고, 우측 끝에 있는 쉬나켄부르크는 우리의 다음 방문지다.

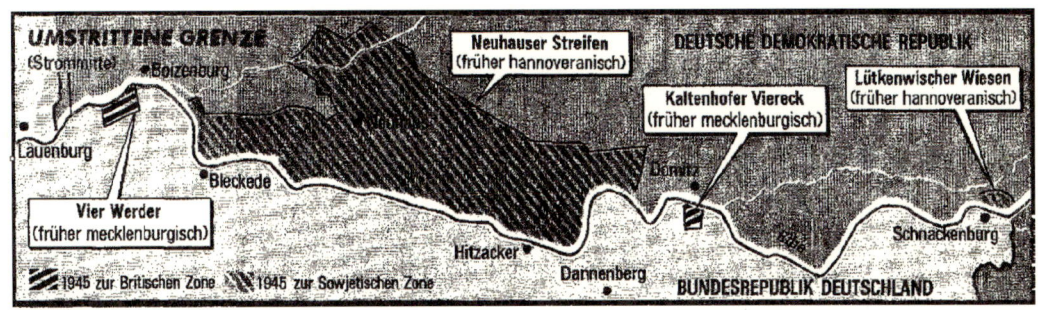

지도출처
"DDR Grenze: Deutsche Fläche," Der Spiegel, 50(1975), p. 72.

접경선 획정에 합의되지 못한 엘베강 지역

마을공화국에서 본 미획정 엘베강의 모습이다. 건너편이 서독이다.

원래 뤼터베르크는 벽돌공장과 목재공장으로 활력이 넘쳤으나, 1971년 접경 지역의 안보를 위해 문을 닫아야 했다. 벽돌공장과 목재공장은 엘베강의 감시를 위해 지표면과 같은 높이로 부서져 흔적도 없이 사라졌다. 아래 사진은 폐쇄 이전의 벽돌공장 전경이다.

마을공화국(도르프리퍼브릭)

뤼터베르크가 '마을공화국'으로 불리게 된 것은 격리된 상황에 대한 반항의 표시였다. 마을의 재단사 한스 라젠베르거(Hans Rasenberger)는 스위스에서 자체적으로 마을을 운영하는 마을공동체 사례에 관심을 가졌고, 1988년 서독 친척의 방문 길에 스위스를 방문하기도 하였다. 라젠베르거는 1989년 10월 24일 마을총회를 소집했고, 이를 위해 국가안보성의 지침에 따라 신청서를 제출했다. 총회는 1989년 11월 8일(베를린장벽이 무너지기 하루 전)에 승인되어, 마을회관에 90명의 마을주민 외에 지역행정대표, 국경수비대 고위장교, 인민경찰청 책임자 등이 참여한 가운데 앞으로 마을을 동독의 상부 지휘규정에 따라서가 아니라 자치적으로 운영한다는 제안을 조심스럽게 논의하였다. 주민들은 만장일치로 뤼터베르크를 마을공화국으로 하는 데 찬성했다. 하루 뒤 베를린장벽이 무너졌고, 주민들은 뤼터베르크가 독립적인 마을공화국임을 선언했다. 다음 날인 10일부터 자유로운 출입이 마침내 가능해졌다. 통일된 후 1991년 7월 14일 뤼터베르크는 메크렌부르크-포어폼메른주의 승인을 얻어 마을 표시로 뤼터베르크 옆에 "마을공화국 1961-1989"을 쓸 수 있는 권리를 획득했다. 2001년부터는 "마을공화국 1967-1989"로 변경되어 오늘날 모든 마을 표지판에 사용되고 있다.

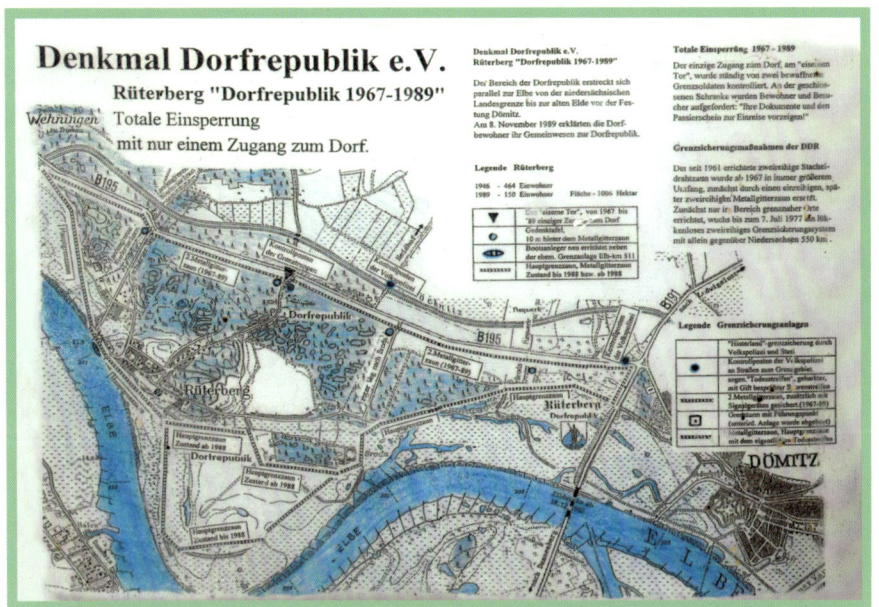

뤼터베르크 "마을공화국 1967-1989"라 쓰여진 마을 표지판

분단 시기의 상황을 재현한 기념물이 엘베강변에 세워졌고, 곁에는 마을 역사를 소개하는 표지판이, 우측에는 이 지역 역시 생물권보전지역으로 보호되고 있다는 표지판이 서 있다.

 마을공화국 지역이 독일 4개 연방주(니더작센, 메크렌부르크-포어폼메른, 브란덴부르크, 작센-안할트)가 만나는 곳으로, 과거 유럽에 '철의 장막'이 드리워졌던 북쪽의 빙해부터 남쪽 흑해에 이르는 12,500㎞ 길이의 '유럽 그뤼네스 반트'의 한 부분으로서 희귀 동·식물의 고향임을 소개하고 있다.

쉬나켄부르크 접경박물관
Grenzlandmuseum Schnackenburg

뤼네부르크

Grenzlandmuseum
Swinmark Schnega
10

동서독 접경선 - - - - -

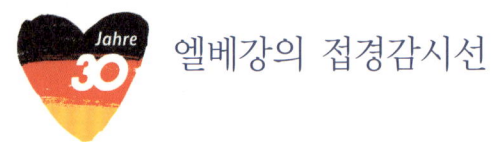 # 엘베강의 접경감시선

쉬나켄부르크는 서독 니더작센주의 가장 작은 시로 엘베강을 사이에 두고 동독의 브란덴부르크주를 마주 보는 접경항구다. 소규모 도시였지만 엘베강을 오가는 선박들로부터 징수한 세금수입으로 주변에 큰 영향을 미쳤다. 1854년 세금징수가 폐지되자 시의 경제는 점차 퇴보하기 시작했다.

쉬나켄부르크가 다시 중요하게 떠오른 것은 1945년 냉전이 시작되면서다. 분단 상황에서 엘베강의 접경선 통제, 감시 및 안전을 위한 세관선의 항구가 된 것이다. 서독은 1965년 50척까지 선박이 정박할 수 있도록 항구의 증축과 보강을 하여 통일 전까지 가장 큰 세관선박지로 활용하였다.

엘베강 상류 쪽(남동쪽 방향)으로 항해하는 서독 선박이 동독영토로 진입하기 직전의 항구로서 해마다 약 12,000척의 배가 이곳을 지났다. 베를린에 물품을 공급하는 가장 중요한 수로였다.

동독이 영토 내 하천 통항을 엄격히 통제했기 때문에 서독 선박의 화물이 많은 경우 쉬나켄부르크에서 하역해 배의 무게를 줄여야만 했다. 1968/69년 겨울에 엘베강이 오랫동안 얼어붙었을 때 쉬나켄부르크에는 무려 60척 이상의 배가 묶였다.

이러한 상황에서 쉬나켄부르크항은 한 극적인 탈출 사건으로 신문 지상에 오르내렸다. 동독 데싸우(Dessau) 출신의 한 부부가 1976년 12월 1일 직접 만든 잠수함으로 쉬나켄부르크항으로 탈출하려다 악화된 날씨로 인해 실패했다. 항구에는 동서독 분단 기간 이 지역에서 동독에서 서독으로 탈출하다 목숨을 잃은 사람들의 명복을 비는 기념판이 서 있다.

항구의 '어부의 집'을 활용하여 1995년 문을 연 쉬나켄부르크 접경박물관은 이러한 역사와 바로 앞 엘베강 지역에서 일어났던 동서독 간의 하천 분단 상황, 동독의 하천 통제 상황 등을 소개하고 있다. 1998년부터 이곳에서 가르토브(Gartow)까지 10㎞ 접경체험로가 만들어져 동독의 방비시설을 실물로 보여준다.

박물관 옆 엘베강 둑에 전시된 동독이 실제 사용했던 해상감시선 실물이 인상적이다. 분단 시절 엘베강을 감시하던 배는 영원히 멈추어 섰다. 육지에 올려져 단단히 묶인 전시물이 되었다. 칠흑 같은 어둠 속에서 자신을 피해 탈출하고자 했던 수많은 사람의 간절함을 배는 알고 있을까?

접경감시선에는 길이 9.75m, 폭 3.20m, 흘수 0.87m로, 두 개의 190마력 엔진으로 움직인다는 재원이 소개되어 있다.

갈색 점선이 접경선으로 왼쪽이 서독이다. 접경하천인 엘베강이 쉬나켄부르크를 지나면서 동독 내 하천이 된다. 사진 위에는 엘베강에서 실행되었던 동독의 감시 현황과 동독인민군의 훈련 상황을 보여준다.

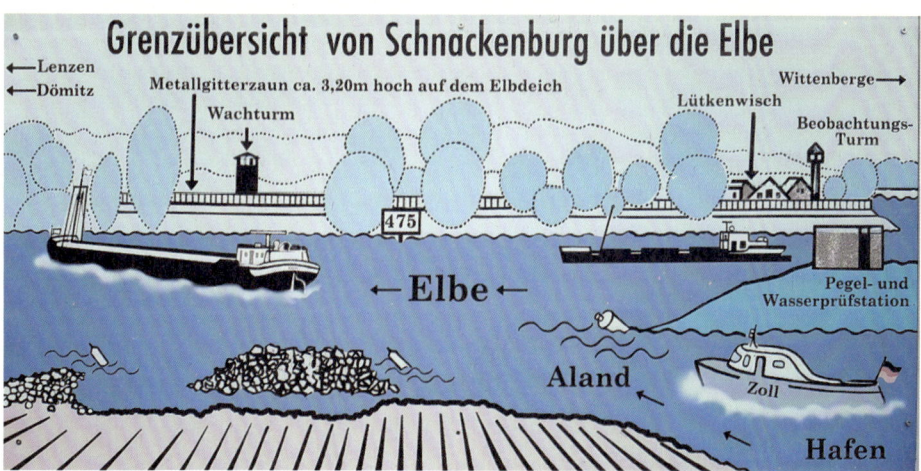

아래는 서독, 위는 동독으로 1972년부터 엘베강둑에 약 3.2m 높이의 철조망, 자동발사장치, 경계탑과 감시탑 등의 접경통제시설이 설치되었다.

그뤼네스 반트

쉬나켄부르크 역시 그뤼네스 반트의 부분으로서 '엘베강 천변 유네스코 생물권보전지역'(UNESCO-Biosphärenreservat Flusslandschaft Elbe)에 속한다(사진의 노란색 지역).

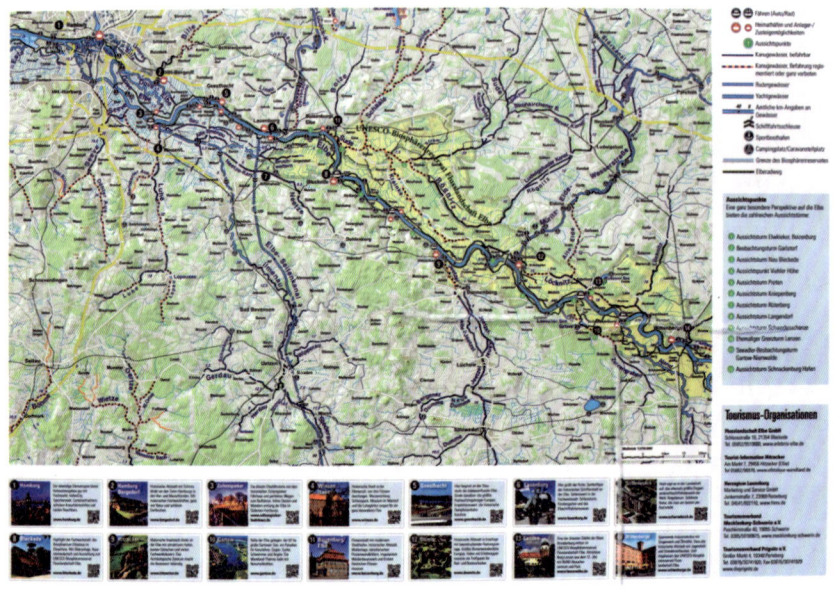

그뤼네스 반트

쉬나켄부르크는 마을공화국 뤼터베르크와 마찬가지로 독일 4개 연방주(니더작센, 메크렌부르크-포어폼메른, 브란덴부르크, 작센-안할트)가 만나는 희귀 동식물의 고향으로 소개하고 있다.

분단 시기 엘베강에서 거의 자취를 감추었던 수달이 현재 많이 서식하고 있다. 수달의 자취를 좇아 자전거로 생물권보전지역을 탐방하는 즐거움을 소개하고 있다.

독일통일 10선

03 동독 주민에게 희망을 주는 서독의 독일정책

통일에 유리한 국제분위기를 조성하면서 서독은 동독의 주민들이 언젠가 다시 하나가 되어야 할, 잠시 떨어져 있는 독일민족임을 확고하게 밝혔다. 탈주든 이주든 그들이 스스로의 선택에 의해 서독체제에 살고자 원한다면, 즉시 서독 국민으로 받아들여 똑같은 권리와 의무를 누리도록 하였다. 헌법 정신과 인도주의, 민족주의와 동포애에 입각하여 서독체제를 원하는 모든 동독인을 받아들여 정착을 지원한다는 1950년의 「긴급수용법」이 이를 상징적으로 보여주었다.

내독 간에는 신동방정책에 입각하여 '독일정책'(Deutschlandspolitik)을 추진했다. 동독 주민들의 삶의 질을 개선하고, 주민 간에 커지는 이질감을 줄이는 대신 독일민족공동체에의 연대감을 키우고자 하였다. 접촉과 교류협력을 통해 조금씩 동독체제와 동서독 관계를 변화시키고자 '접근을 통한 변화'(Wandel durch Annäherung) 및 '작은 걸음의 정책'(Politik der kleinen Schritte)을 추진하였다.

교류협력을 통해 동독에 물질적 대가를 지불하되 동독 정부와의 협상으로 상호 방문, 서신 교환, 다양한 분야에서의 제도적인 교류협력을 관철하여 동독 주민들의 삶의 질을 개선하였다. 이를 통해 동독 주민들이 서독체제를 보고 듣고 느끼고 판단할 수 있도록 하였다.

동독 주민들의 삶에 대한 적극적 관심의 표현은 동독에 투옥되어 있는 정치범들을 서독이 대가를 지불하고서라도 석방시켜 서독에 데려와 자유롭게 하는 정치범 석방거래, 이른바 '자유거래'(Freikauf)에서 정점을 이루었다. 올바른 것을 주장하다 범죄인이 되어 받는 고통을 덜어주는 것이 전 독일민족에 대한 정통성을 가진 국가의 책무로 받아들였다. 서독이 독일민족의 유일한 합법적인 정부임을 말이 아니라 실천했으며, 그 중심에는 동독인을 포함해 지구상 모든 독일인의 삶의 문제에 관심을 기울인다는 사고가 놓여 있었다.

10
슈빈마르크 쉬네가 접경박물관
Grenzlandmuseum Swinmark Schnega

뤼네부르크

Grenzlandmuseum
Swinmark Schnega

10

동서독 접경선 ------

 # 개인들의 노력으로 세워진 박물관

한적한 시골길을 달려 조용한 마을에 들어섰다. 주택처럼 보이는 작은 건물이 서독 니더작센주 슈빈마르크 쉬네가 접경박물관이다. 슈빈마르크는 '쉬바이네마르크'(Schweinemark), 즉 돼지지방이란 뜻으로 이 지역이 전통적으로 돼지 사육이 성했던데서 유래한다. 분단선으로부터 5㎞ 거리에 위치한다.

박물관의 설립자는 동서독 분단 상황이 역사적으로 의미가 있으리라 판단하고, 통일 이전에 관련 자료를 지속해서 수집했다. 장벽이 무너지자마자 1989년 트랙터창고로 쓰던 건물을 활용해 그동안 모아두었던 자료와 기념물로 전시장을 열었다. 재현된 동독 접경수비대 중대장의 근무실과 군용 차량도 보인다. 개인의 노력으로 세워진 분단의 기억이다.

연중 5월 1일부터 10월 3일(통일 날)까지 주말 오후에만 문을 연다는 박물관 안내문이다.

박물관 뒤 벽면에는 서독 연방접경수비대의 니더작센주 주둔 도시들의 상징방패가 장식되어 있다.

박물관 뒷마당에는 인근 동독 작센-안할트주와의 접경지역에서 동독이 사용했던 감시초소, 장벽, 접경표식이 전시되어 있다.

공간 속 통일

땅을 딛고 있어야 할 신발 한 켤레가 벽에 걸려 있다. 신발 끈 동여매고 자유를 향해 내달렸을 누군가를 떠올려본다. 숱한 날들을 준비하고 또 가다듬어 탈출을 시도하던 날, 그 발자국은 새로운 희망이 되었을까? 다시 내달릴 준비를 하는 저 신발의 주인공을 만나보고 싶다.

⑪ 뵈크비츠 찌헤리 접경탐방로박물관
Grenzlehrpfad und Museum Böckwitz-Zicherie

동서독 접경선 ------

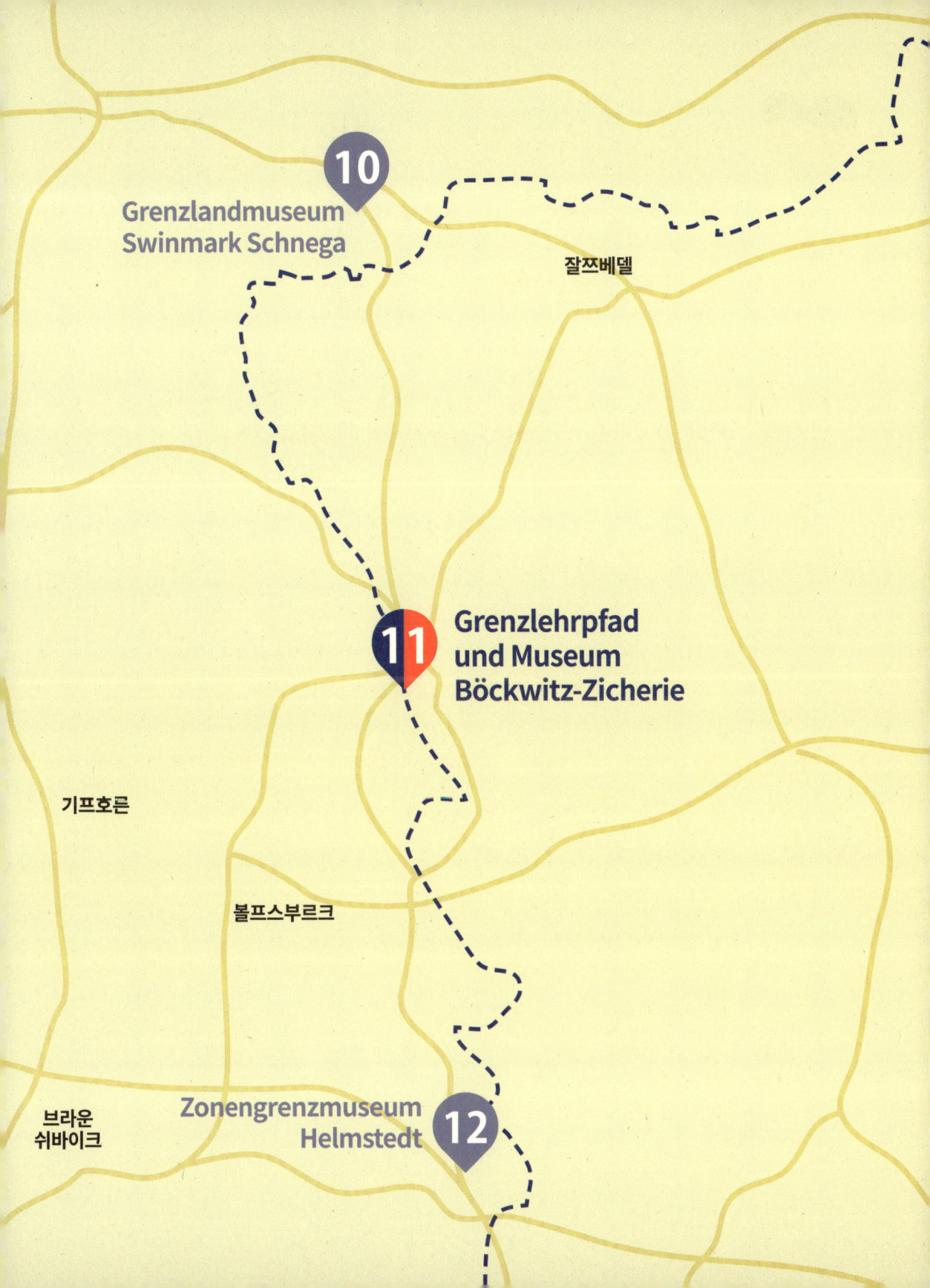

 ## '독일벌판'이 아닌 '유럽벌판'으로 불리는 곳

1989년 11월 18일 오전 6시, 서독의 니더작센주 찌헤리와 동독의 작센-안할트주 뵈크비츠를 막았던 분단의 장벽이 드디어 무너졌다. 1997년 이곳에 개장한 농장박물관의 한 부분이 접경관련 전시물이다. 야외박물관 격인 뵈크비츠-찌헤리 접경탐방로박물관은 분단 당시 두 마을로 갈라졌던 아픔의 현장을 상징적으로 보여준다. 약 3.4㎞에 이르는 접경탐방로에는 철조망과 철조망장벽, 목책장벽과 콘크리트장벽, 콘크리트감시탑, 순찰로, 발자국탐지 및 지뢰지대 등이 원형 그대로 보존되어 있다.

특히, 이곳에 전시된 철조망은 시대별로 변화된 모습을 자세히 보여준다. 전쟁이 끝나자마자 동독은 도로를 차단했고, 1952년부터 접경선을 따라 폭 10m의 통제지대를 만들었다. 처음에는 3m 높이로 목책을 세우더니 1956년에는 철조망장벽으로 바꾸었고, 1961년에는 철조망장벽을 이중으로 하고 그 공간사이에 지뢰 등 각종 장해시설물을 설치했다. 1968년에는 장벽에 자동발사장치가 설치되고, 1979년에는 콘크리트장벽이 들어섰다.

특이하게도 이곳의 이름은 '유럽벌판'(Europawiese)이다. 분단 접경지역의 벌판을 산책하면서 과거 역사적 현장을 체험하도록 만든 이 공간을 '독일벌판'이라 부르지 않은 것은 동서독의 통일이 독일만의 축복이 아니라 유럽 전체의 축복이라는 의미를 담고자 했기 때문이다.

유럽벌판의 모습

접경탐방로박물관 안내도는 한때 죽음과 단절의 띠였으나 이제는 그뤼네스 반트의 한 부분으로 통합과 화합의 지대로 전변된 이 지역의 자전거 탐방로를 소개하고 있다.

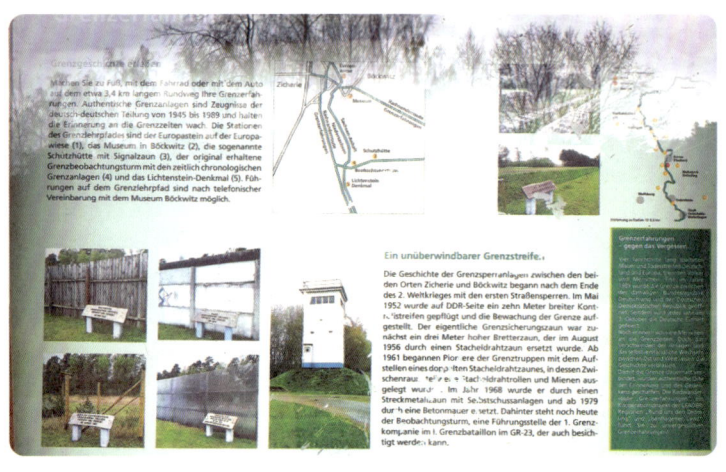

감시탑에는 'BT 9'라 적혀있고, 내부 구조를 소개하고 있다. 탑의 높이는 약 15m이지만 실제 밖으로 드러난 높이가 9m이기 때문에 'BT 9'이라 한다. 1979년 5월에 세워진 이와 같은 콘크리트감시탑을 동독은 70년대 말에서 80년대 초에 집중적으로 만들었다. 4층으로 구성되어 있으며, 건물의 대지면적은 약 17㎡, 공간 규모는 약 204㎥로 일반용(2X2)보다 규모가 큰 지휘감시탑이다. 사방을 감시할 수 있는 창문이 있고 통신시설이 갖추어졌다.

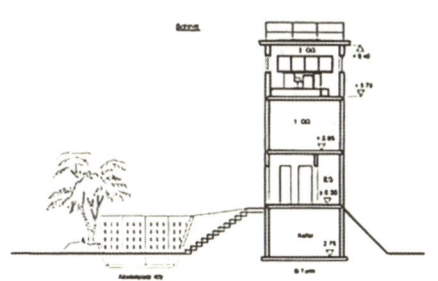
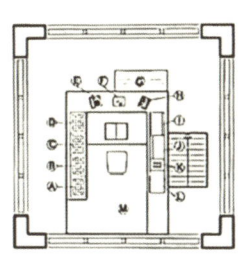
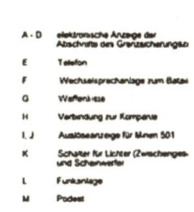

　감시탑 앞에는 통일 당시 서독의 외무부장관이었던 한스-디트리히 겐셔(Hans-Dietrich Genscher)가 1998년 8월 26일 방문하여 심은 나무가 서 있다. 통일 공간에서 서독총리 헬무트 콜(Helmut Kohl)과 겐셔 등 뛰어난 정치인의 존재가 독일에게는 축복이었다.

공간 속 통일 1

너른 들판에 한 무더기의 돌이 쌓였다. 분단의 잔해다. 죽음의 장벽으로 막아섰던 회색 콘크리트는 이제 초록의 생명을 품었다.

공간 속 통일 2

　　동서독을 나눈 접경선은 있었지만 처음부터 철조망과 장벽이 세워진 건 아니었다. 갈등과 대립의 골이 깊어질수록 장벽의 강도는 더욱 강해져 갔다. 그리고 그 장벽을 넘어 서독으로 탈출하고자 했던 사람들의 간절함도 깊어졌다.

1952
1952년 5월에 세워진 목책

1961
1961년 8월에 세워진 이중철조망장벽

1968
1968년에 만들어진 차량방벽

1979
1979년 7월부터 SM 70형 자동발사장치 설치

1984
1984년 10월 부터 지뢰 제거

2020
장벽의 틈은 갈라졌고,
이세 너이상 죽음을 애노하며 희생자늘의 이름을 새겨넣지 않아도 된다.

⌬ 12

헤름슈테트 접경박물관
Zonengrenzmuseum Helmstedt

동서독 접경선 ------

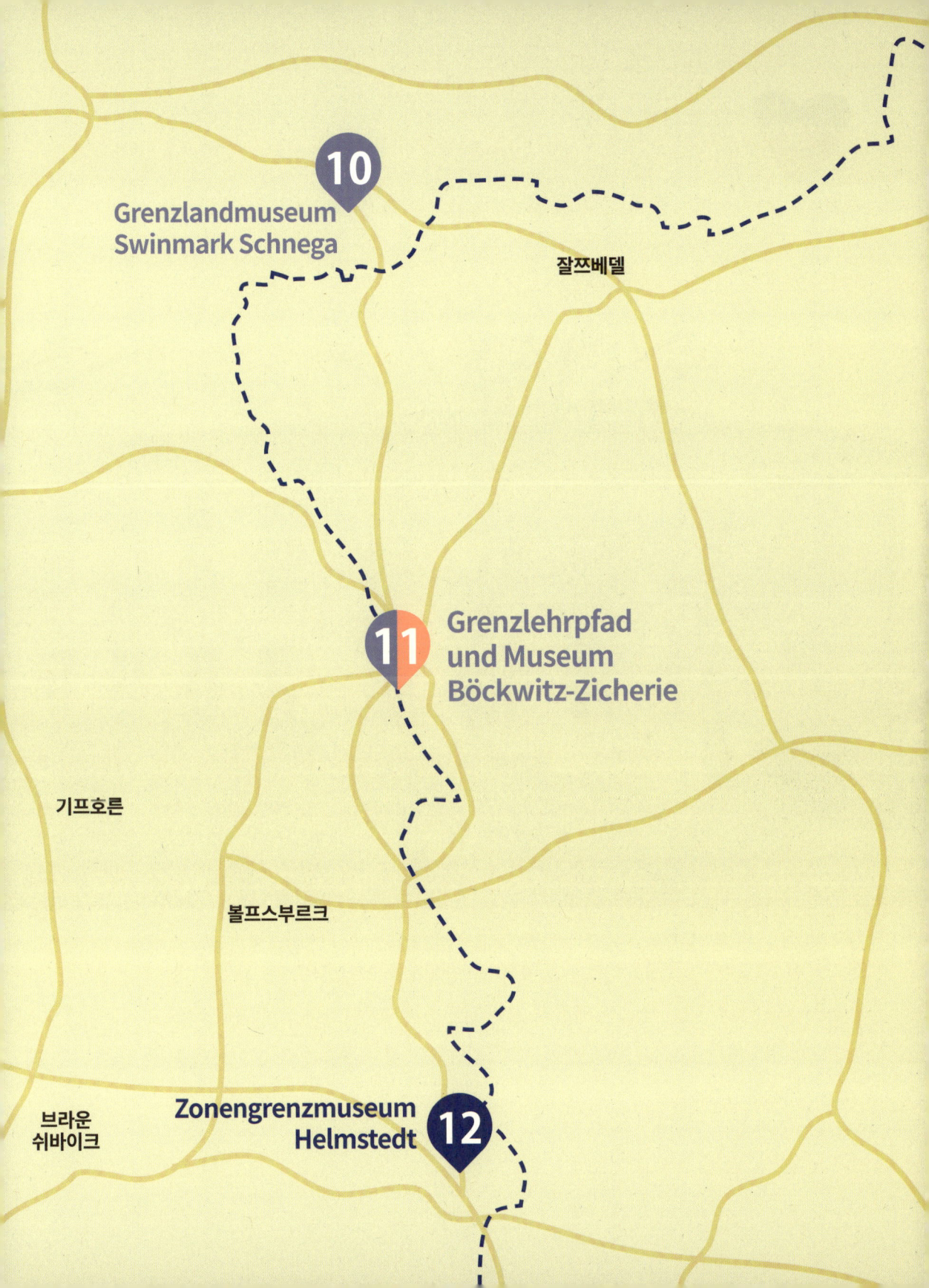

 접경선의 얼굴

서독 니더작센주 헤름슈테트와 동독 작센-안할트주 마리엔보른은 동서독 접경지역에서 가장 크고 중요한 의미가 있는 접경통과지역이었다. 접경통과로가 가장 밀집한 지역으로 동서독을 오가는 7개의 철도노선, 3개의 수로, 4개의 도로가 여기에 위치했다.

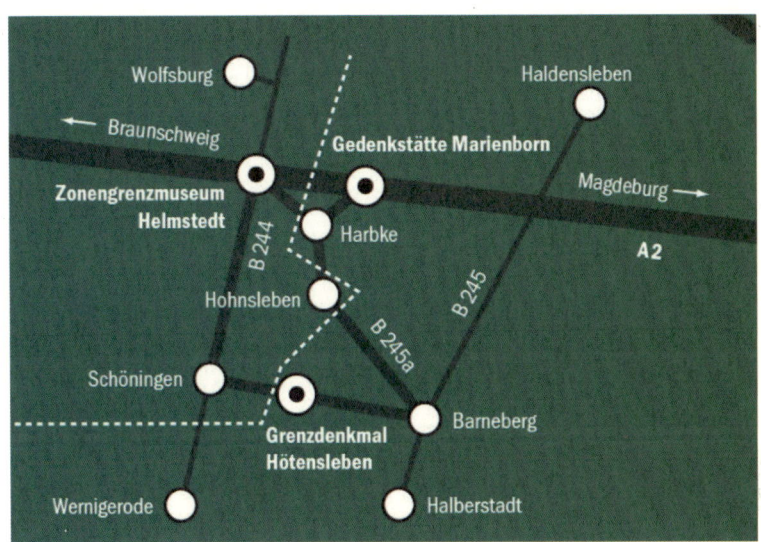

서독 헤름슈테트와 동독 마리엔보른 접경지역 소재 기념소 위치도
헤름슈테트 접경박물관(Zonengrenzmuseum Helmstedt)
마리엔보른 기념관(Gedenkstätte Marienborn)
회텐스레벤 접경기념물(Grenzdenkmal Hötensleben)

영국군과 소련군이 마주보던 시기는 물론이고 서독과 동독으로 나누어진 초기에도 일꾼들은 양 지역을 오갔다. 1952년 5월 26일 동독이 접경선을 막아버리자 일꾼들은 일자리를 잃어버렸고, 많은 공장도 문을 닫아야만 했다. 지역의 가장 큰 기업인 설탕공장도 운명을 다했다.

헤름슈테트의 갈탄채굴도 쇠퇴했고, 동독쪽에 속하게된 하릅케(Harbke) 석탄발전소는 더이상 서쪽으로 전기를 보내주지 않았다. 동서독 간의 석탄과 발전소 협력은 긴장완화의 바람이 분 70년대가 되어서야 재개되었다. 중요 접경통과 지역이었던 만큼 수많은 탈출시도가 있었다. 1969년에는 하릅케발전소 기술자가 가족과 함께 석탄열차에 숨어 서독으로 넘어왔다.

1994년 문을 연 헤름슈테트박물관은 이러한 분단과 접경상황을 동독 접경방비시설의 역사와 실태, 탈출, 경제와 교통, 장벽붕괴, 접경예술(Grenzkunst) 등 5개 분야로 나누어 전시하고 있다. 그중에서도 특히 '접경선의 얼굴'(Das Gesicht der Grenze)이라는 주제로 철조망, 경고표지판, 지뢰, 자동발사장치, 지역구성도 등 다양한 방어시설을 실물과 모형을 활용해 당시 동독의 접경지역 상황을 생생히 보여준다.

　박물관 벽에는 동독주민들이 외친 "우리는 자유선거를 요구한다"라는 사진을 배경으로 통일 30주년인 2020년 2월 5일부터 5월 3일까지 "평화적 혁명에서 독일 통일까지"를 주제로 특별전시가 열린다는 내용의 포스터가 붙어 있다.

독일통일 10선

04 동독 주민에 의한 베를린장벽 붕괴

동독 주민들의 마음 속에는 베를린장벽이 이미 무너져 내리고 있었다. 평화공존을 넘어 동독 주민의 삶의 질 개선에 초점을 두고 일관되게 추진되었던 서독의 정책에 의해 그들은 서독이 훨씬 더 인간다운 삶을 실현할 수 있는 사회라는 사실을 뼈저리게 깨닫고 있었다. 그리고 국제적 환경변화에 의해 한 순간의 기회가 주어지자 주저없이 자유로의 행진을 실행하였다.

1961년 베를린장벽의 건설로 서독으로 탈출하려는 동독인의 물결은 차단되었다. 동서독 관계의 개선과 국제적 압력으로 인해 동독은 1984년 공산당 중앙위원회의 결정을 통해 그때까지 불허했던 서독행 이주신청을 허락하였으나, 신청자 모두가 허가서를 받을 수는 없었다. 불법경로, 즉 탈출을 통해 서독으로 가려는 사람이 여전히 존재하였다.

1980년대 중반, 특히 1985년 미하일 고르바초프 소련공산당 서기장 취임 이후 소련을 포함하여 동구 사회주의권에 변화의 물결이 몰아쳤다. 동독 내에서도 변화를 요구하는 목소리가 높아졌으나, 동독공산당 서기장 에리히 호네커는 이를 거부하였다.

1989년 5월 사회주의진영에 속하면서 개혁정책을 추진하고 있었던 헝가리가 자유주의진영의 오스트리아와의 국경봉쇄를 해제하였고, 6월 27일에는 동서 냉전의 상징이었던 '철의 장막' 가운데 헝가리-오스트리아 간의 철조망을 걷어올렸다. 동독인들의 자유를 향한 행진은 즉시 시작되었다. 1989년 여름 휴가철에 동독인들은 헝가리로 건너가 그곳의 서독대사관에 들이닥쳐 서독행을 요구하였다.

서독은 동독 주민들의 희망을 저버리지 않았다. 즉시 헝가리와 협상하여 헝가리가 사회주의형제국인 동독의 요구를 물리치고 자유를 향한 이들의 서독행을 허용토록 한 것이다. 물론 서독은 대가로 경제지원을 약속하였다. 상황이 이렇게 돌아가자 헝가리로 가려는 동독인들의 대규모 행렬이 시작되었고, 불과 몇 주 만에 수만 명이 서독으로 이주하였다. 헝가리는 물론 체코슬로바키아와 폴란드 주재 서독대사관에도 동독인들이 밀어닥쳤다.

동독 내에서도 개혁·개방을 요구하는 대규모 데모행진은 도도한 역사적 물줄기가 되었다. 그 결과 10월 18일 호네커가 실각하고, 11월 9일 베를린장벽이 무너졌다. 동독 주민들이 몸으로 밀어 무너뜨린 것이다.

13
마리엔보른 독일분단기념관
Gedenkstätte Deutsche Teilung Marienborn

동서독 접경선 ------

 ## 가장 규모가 큰 동독의 접경통과검문소

　마리엔보른 접경통과검문소는 동독이 접경지역에 설치했던 통과검문소 가운데 가장 규모가 크고 중요했던 곳이다. 따라서 베를린장벽 다음으로 독일의 분단을 상징적으로 보여주는 장소다.

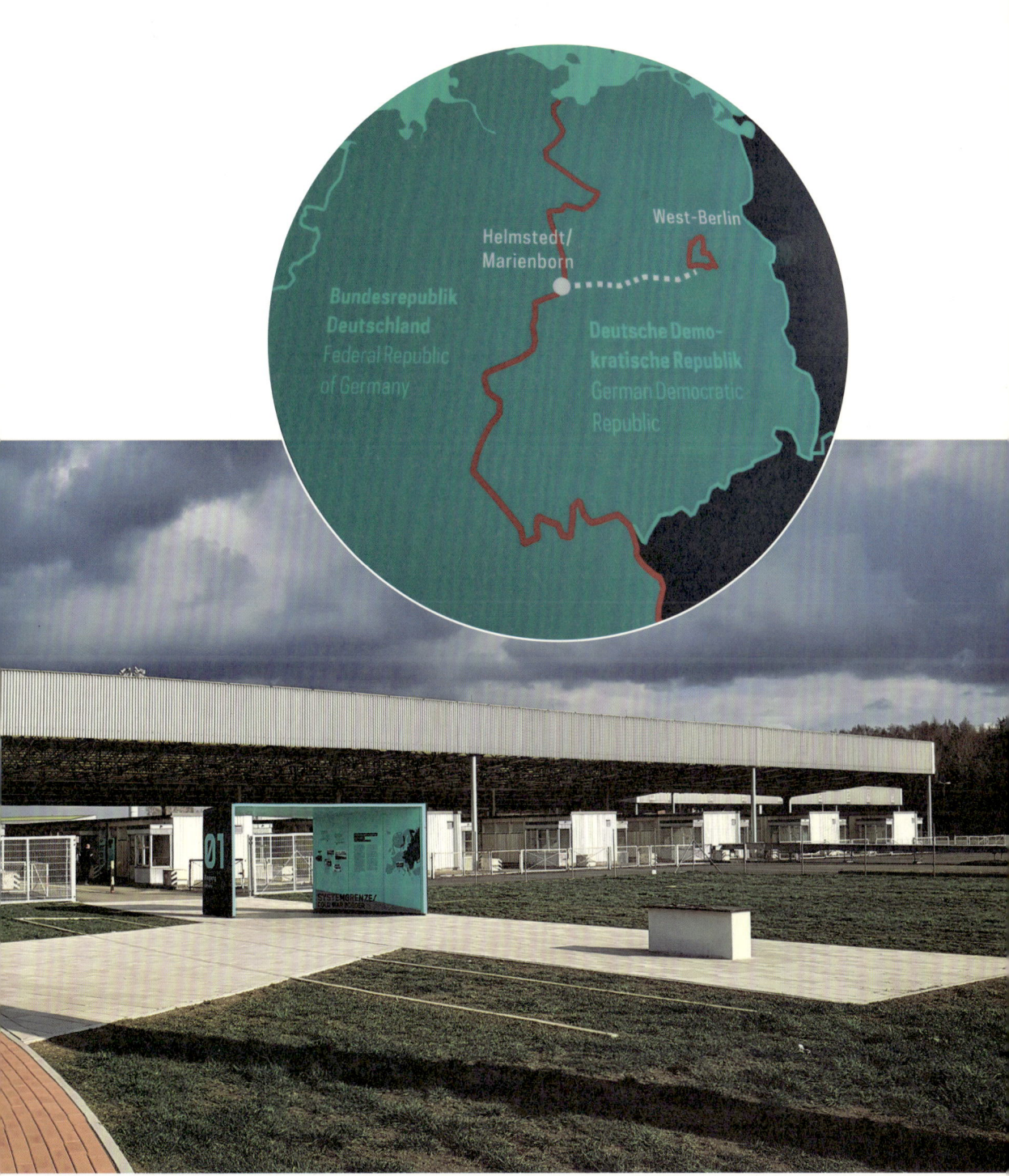

동독의 마리엔보른 접경통과검문소는 접경선을 사이에 두고 서독의 헤름슈테트와 마주보고 있다. 지리적으로 서베를린과 가까운 곳으로, 서독으로부터 서베를린으로 들어가는 화물차량의 주통과지로 활용되었다. 또한 동독으로 향하는 여행자뿐만 아니라 동독을 거쳐 폴란드, 헝가리 등 동구 사회주의국가로 가려는 여행자들을 검문하는 곳이기도 했다. 1945년부터 1990년까지 서독의 2번 고속도로(A 2)를 타고 서베를린으로 향하는 모든 차량은 이곳을 거치지 않을 수 없었다.

전쟁이 끝나고 마리엔보른에는 전승 4국인 미·영·불·소가 공동으로 운영하는 통과검문소가 세워진다. 그러나 곧 정치적 갈등과 냉전이 시작되자 소련군 점령지인 마리엔보른과 영국군 점령지인 헤름슈테트 통과소로 분리되었다. 마리엔보른 검문소는 소련의 상징인 붉은 별, 망치, 낫으로 장식되었다. 서방연합국은 헤름슈테트에 '체크포인트 알파'(Checkpoint Alpha)라는 이름의 통과소를 만들었다. 당시에는 이곳이 서독으로부터 소련이 점령했던 동독을 거쳐 서베를린으로 들어가는 유일한 통과지점이었다.

서방연합군이 운영한 세 개의 검문소(체크포인트)

　서방 연합군은 세 개의 검문소를 운영했다. 영국군 점령지이자 서독측 접경지인 헤름슈테트에 위치했고, 서독에서 동독을 거쳐 서베를린을 오가는 인력과 차량을 검문했던 체크포인트 알파(Checkpoint Alpha)

　미군이 점령했던 서베를린 남부지역에 위치했고, 동독과 서베를린을 출입하는 인력과 차량을 검문했던 체크포인트 브라보(Checkpoint Bravo)

　서베를린 시내에 위치하여 동베를린으로 출입하는 인력과 차량을 검문했던 체크포인트 찰리(Checkpoint Charlie)

　서방연합군들은 접경검문소에 대해 국제법적인 주권을 가졌다. 헤름슈테트에 위치했던 체크포인트 알파는 별도의 건물로 지어졌고, 서방연합군의 통행이 보장되었다. 체크포인트 알파가 해체되기 직전까지 헤름슈테트 시내에는 3국의 군인들이 상주했다.

**1950년대의 체크포인트 알파,
차단기 뒤편으로 소련군 검문소가 보인다.**

사진출처
https://tse1.mm.bing.net/th?id=OIP.vw7TwRW_2_yJLs_8dBSBzgHaFL&pid=Api&P=0&w=244&h=172

1989년 11월 9일 베를린 장벽이 무너진 직후 수많은 차량이 서베를린을 오가고 있다. 사진 중앙에 멀리 보이는 건물이 체크포인트 브라보다.

사진출처

https://tse1.mm.bing.net/th?id=OIP.hvQHEbERnMj6KfWmI-QQJ-gAAAA&pid=Api&P=0&w=223&h=153

베를린 소재 체크포인트 찰리의 1988년 모습이다.

사진출처

https://altmode.files.wordpress.com/2015/07/charlie1988.jpg?w=300&h=225

1950년 동독의 국경경찰이 소련군으로부터 마리엔보른 통과검문소의 통제를 넘겨받았고, 동독은 1952년 5㎞ 범위의 차단지역, 500m 범위의 보호지대를 설치하였다. 검문소는 처음에는 목조의 가건물 형태였으나, 서독과 서베를린 사이를 통행하는 인력과 차량이 증가하자 검문소의 건물과 주차장은 증축되어야만 했다. 동독은 1972~1974년 분단선에서 1.5㎞ 떨어진 지금의 접경통과소를 만들었다. 신축공사를 하면서 서독쪽에서 통과검문소를 볼 수 없게 만들었고, 도로와 주차장도 넓은 대지에 여유 있게 마련했다. 대부분의 통행은 서베를린으로 오가는 서독의 승용차와 화물차였다.

마리엔보른 접경통과검문소의 역사를 압축적으로 보여준다.

1985~1989년 동안에만 3,460,000명의 사람들이 이곳을 거쳐 갔다. 장벽이 개방됨에 따라 모든 여행객은 A 2번 고속도로를 중단 없이 통과할 수 있게 되었다. 접경통과검문소는 1990년 7월 1일 동서독「화폐·경제·사회통합협정」이 발효되자 45년 만에 폐쇄되어 역사 속으로 사라졌다. 이후 이 건물은 한동안 방치되다가 1996년 8월 13일 현재와 같은 기념소로 문을 열었다.

　　마리엔보른 접경통과검문소에는 1,000명 이상의 국경수비대, 국가안보성 슈타지, 관세청, 동독은행과 민간인 자원자들이 차량, 화물, 여행자를 물샐틈없이 검문했다. 여권심사소, 통제소, 차량수색실, 신체검사실, 세관, 식당, 은행, 초소, 발전소, 요원 숙소 등이 있었다. 여행객들의 가방은 엑스레이 검사를 받았고 차량은 전용공간에서 밑바닥까지 샅샅이 검사를 받았다. 특히 혐의자로 지목되면 옷을 벗는 신체검문도 이루어졌다. 고속도로 2호선 도로 위에는 육교형 감시다리, 콘크리트감시탑도 있었다.

신체검사실

신체 검사실

접경통과검문소에서 혐의자로 지목받으면 여성들은 별도의 검사실에서 옷을 벗어야만 했다. 귀걸이며 목걸이 등 액세서리는 물론 속옷까지 모두 탈의한 채 몸수색을 받았다. 영화 <베를린 장벽>에서는 한 여성이 동독 접경검문소를 통과하면서 나체검사를 받는 장면이 나온다.

영화 <베를린 장벽>은 냉전 시대 서독으로 탈출한 동독인들의 트라우마를 보여주는 작품으로 소년인 어린 아들과 어머니가 서독에서 낯선 이방인으로 살아가는 모습을 그렸다.

A 2 고속도로를 타고 동독에서 서독으로 향하는 모든 승용차와 화물차는 감시육교 밑으로 지나야만 했다. 동독감시원이 육교 위에서 차량 위에 탈주자가 있는지, 다른 이상은 없는지를 지켜보았다.

당시 동독국립은행 출장사무소

    동독을 방문하는 모든 여행자는 의무적으로 동독 체류 1일당 약 25 서독마르크(DM)를 동독 마르크(M)로 환전해야 했다. 1964년부터 실시된 이른바 '최소환전'(Mindestsumtausch) 규정이다. 서독의 DM와 동독의 M 간 공식환율이 1 대 4였는데도 동독은 1 대 1의 비율로 바꾸도록 했다. 서독 25DM를 동독 100M로 바꾸어줘야 하는데 25M만 줌으로써 동독은 75M를 통행세로 징수한 거나 다름없었다. 여기에 더하여 도로사용료도 지불해야만 했다. 이를 위해 통과검문소에는 동독국립은행 출장소도 상주하고 있었다. 당시 이 출장소의 수입은 동독이 외환을 획득하는데 아주 중요한 역할을 했고, 동독은 획득한 서독 DM를 서방으로부터 상품을 수입하는 데 사용했다.

1989년 11월 9일 베를린장벽이 붕괴된 후 헤름슈테트 고속도로 접경통과소 상황. 수많은 동독국민차 '트라반트'(Trabant), 이른바 '트라비'를 타고 동독에서 서독으로 가는 모습.

사진출처
https://upload.wikimedia.org/wikipedia/commons/b/b7/Kontrollpunkt_Helmstedt_2_%28G._Mach%29.jpg

분단의 어제

아우토반을 달리는 통일독일

흑백사진 속에 보이는 감시탑은 현재 원형 그대로 보존되어 있다. 감시탑 앞에 설치되었던 통제소는 완전히 철거되어 흔적을 찾을 수 없고 빈터만 남았다. 8차선으로 확장된 속도무제한 고속도로 아우토반 위로 통일독일이 내달린다.

통일의 오늘

> 분단의 어제

제한속도 30km 해제

2020년은 독일통일 30주년을 맞는 해다. 흑백사진 속 제한속도 30km를 알리던 그 푯말은 이제 빛바랜 기억이 되었다. 제한속도 30km 해제 표지판과 베를린을 알리는 표지판이 묘하게 엇갈린다. 베를린장벽이 무너지고 독일통일이 30년을 맞는 해, 분단으로 인한 독일의 제한속도는 이제 해제되었다.

통일의 오늘

빛바랜 건물

흑백사진 속에 비친 마리엔보른 접경검문소의 모습은 그 자체로 삼엄함이 느껴진다. 사람들을 막고 서서 일일이 수색하며 갈 수 있는 자와, 갈 수 없는 자를 가려내던 곳. 이제는 빛바랜 낡은 건물만이 덩그러니 남았다.

통일의 오늘

분단의 어제

텅 빈 차량검문소

차량을 검문하던 사람들은 더이상 보이지 않는다.

통일의 오늘

여권 심사

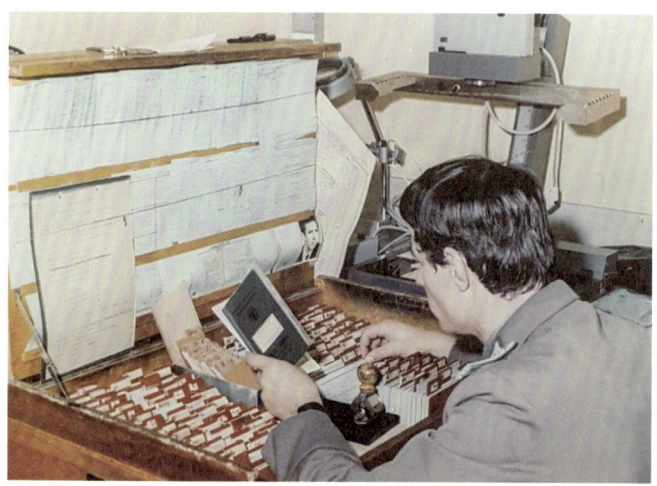

　여권 심사는 동독의 국가안보성 요원이 전담하였고, 동독이 명단에 기록한 특정 용의자 혹은 차량과 대조하는 것이 주 임무였다.

세관원 모집

동독세관에서의 근무는 동독인민군이 선호하는 일자리였다. '영광의 근무'라 불리는 세관원이 되기 위해서는 정치적 충성도와 서독체제에 대한 확고한 적대의식이 정립되어 있어야만 했다. 세관원에게는 평균 이상의 보수는 물론이고 주택 배정에서도 혜택이 주어졌다. 사진은 세관원 모집 광고다.

세관원 교육

여기 세관 자리에 앉아 창 너머 통과자를 검문했던 한 동독 세관원은 당시 "너가 원한다면 너는 마음씨 좋은 감시자가 될 수 있다. 그러나 너가 단 한 차례라도 간과하여 의심스러운 일이 발생한다면, 너의 모든 성과는 아무 의미 없이 무효가 된다"고 교육받았다는 증언이 창에 붙어 있다.

열대과일

　동독에서 파인애플이나 바나나를 먹는다는 것은 대단히 사치스럽고 특별한 행사였다. 외환 부족으로 동독이 열대과일, 커피 등을 수입하는데 큰 제한이 있었기 때문이다. 동독친지를 방문하는 서독인 혹은 서독을 방문하고 돌아가는 동독인들에게 열대과일이나 서독 소시지는 큰 선물이었다. 동독세관원이 샅샅이 검사하고 있다.

탈주 방지

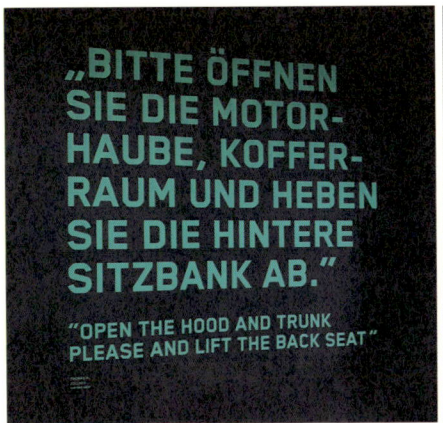 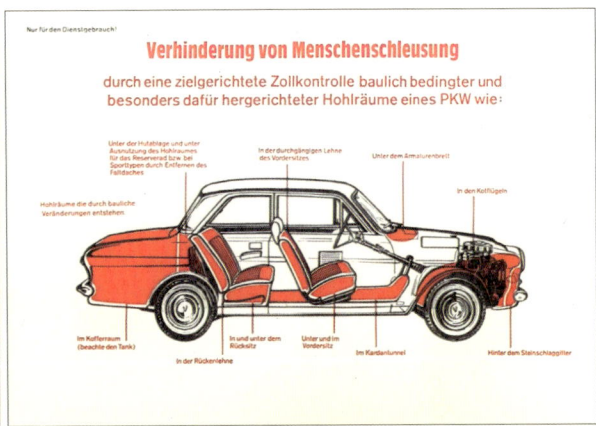

　동독세관원의 가장 중요한 임무는 동독인의 서독행 탈주였다. 차량 운전자는 검사 시에 엔진 후드와 트렁크를 열고, 뒷좌석도 앞으로 제쳐 놓아야 했다(왼쪽 사진). 그런 상태에서도 탈주를 방지하기 위해 동독세관은 승용차 점검 시 눈여겨 검사해야 할 부분(오른쪽 사진의 붉은색)을 포스터로 만들어 벽에 붙여놓았다.

승용차의 연료통에 왼쪽 사진에 보이는 긴 쇠줄을 넣어 연료통을 일부러 작게 만들어 숨을 공간을 만들었는지 혹은 통 속에 무엇을 숨겨 놓았는지를 검사하였다. 의심스러울 경우에는 실내검사실로 차를 이동시켜 차 밑을 점검하거나(중앙 사진) 군견을 투입하였다(오른쪽 사진).

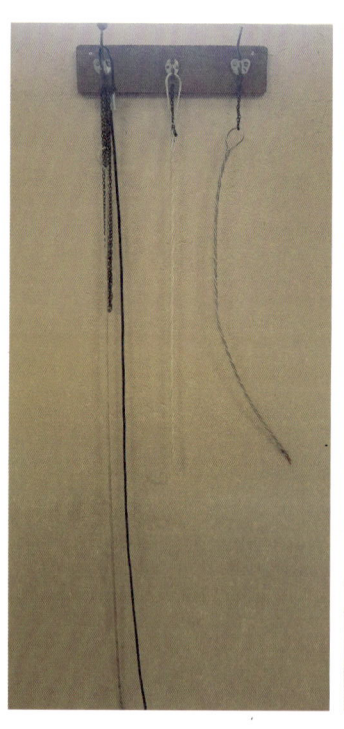

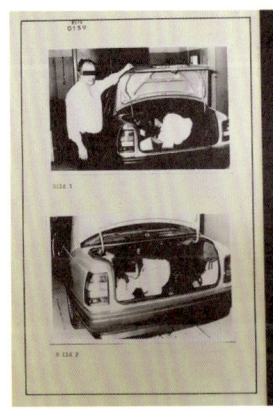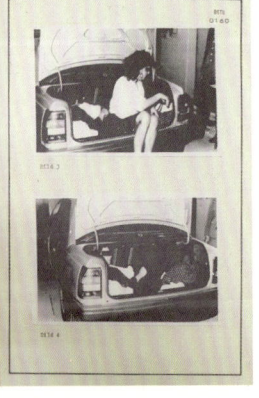
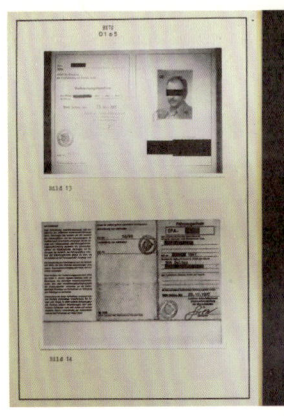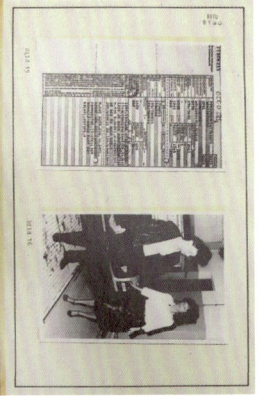
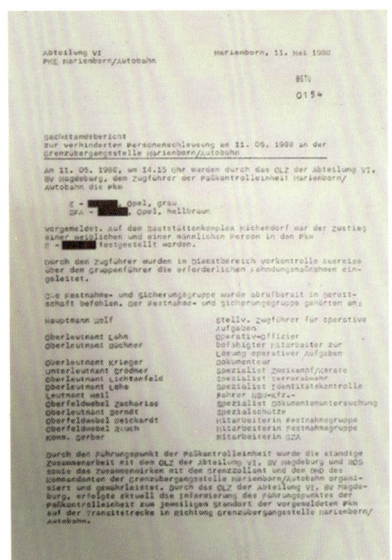

삼엄한 감시에도 불구하고 자유를 찾는 탈출 시도는 멈추지 않았고, 성공보다 실패가 많았다. 1988년 5월 11일 14시 15분에 마리엔보른 통과검문소를 서독의 승용차에 숨어 탈주하려던 2명의 동독 주민을 적발한 사건에 대해 당일 현지 국경수비대가 작성한 경위보고서(오른쪽 위 사진)와 체포 사진 및 압수된 여권이다.

공간 속 통일

　동독은 접경지역 주요 통과지점에 동독의 국장을 넣은 탑을 세웠다. 통일 이후 마리엔보른 접경통과검문소가 위치한 2번 고속도로에는 국장은 사라지고 빈 원만 남은 탑을 기념으로 두었다.
　동서독 접경 1,393km를 답사하던 2020년 3월, 마치 통일 30주년을 기념하듯 탑 뒤편 하늘에서 일곱 색깔 무지개를 만났다.

손들의 아치
Die Wölbung der Hände

더 둘러보기

헬름슈테트 인근에 위치한 2번 고속도로상에는 <손들의 아치>(Die Wölbung der Hände)라는 조형물이 설치되어 있다. 한때 두 개의 체제로 분단되었던 독일이 다시 하나가 된다는 의미로 서로 맞잡은 손을 형상화했다. 평화와 자유, 그리고 인간경시정책에 대한 경고의 의미를 담았다. 높이 9m, 무게 50t에 이르는 이 작품은 1995년 10월 3일 프랑스 조각가인 요셉 카스텔(Josep Castell)에 의해 제작되었다.

설치된 지 15년이 지난 2010년 10월 3일, 독일통일 20주년을 맞아 전 유럽에 걸쳐 평화를 상징하는 조형물들을 연결하는 도로인 "유럽평화조각상도로"(die Europäische Skulpturenstraße des Friedens)의 하나로 포함되었다.

(14)

마리엔보른 기차역
Bahnhof Marienborn

동서독 접경선 ------

 감시다리가 사라진 그곳

　서독 브라운쉬바이크와 동독 막데부르크(Braunschweig-Magdeburg) 철도선은 동서독 철도통행에 있어 승객과 화물용으로 중요한 의미가 있는 왕래선이었다. 이 선로를 오가는 모든 기차는 동독과 서독의 양쪽역에서 정차해야만 했다. 단, 철도를 왕래하는 기차의 기관차 교환은 서독쪽 헤름슈테트역에서 이루어졌다. 동독으로 가는 서독기차는 헤름슈테트역에서 동독의 기관차가 끌었고, 동독에서 서독으로 오는 기차 역시 헤름슈테트역에서 서독의 기관차가 끌게 했다.

　흥미롭게도 서독은 국철명으로 '독일연방철도'(Deutsche Bundesbahn), 즉 'DB'를 사용하였으나, 인민민주주의를 주창한 동독은 독일의 바이마르공화국 시절인 1920년부터 사용했던 국철명인 '독일제국철도'(Deutsche Reichsbahn), 즉 'DR'을 계속 사용했다. 통일 후 독일의 국철명은 DB로 통일되었다.

　이 노선을 거쳐 서독과 베를린을 오가는 서방연합군의 열차 역시 접경검문소를 통과했다. 하루에도 수차례에 걸쳐 군용열차가 왕래할 만큼 운행량이 많았다. 열차에는 군인뿐만 아니라 중화기(차량, 탱크 등)도 운반되었다. 이러한 서방 군용열차의 검문은 마리엔보른에 위치한 소련군에 의해 모든 절차가 처리되었다.

동독쪽 접경역이었던 마리엔보른역의 상징은 철로 위를 가로지르는 육교, 일명 '감시다리'(Die Posten Brücke)였다. 1990년 8월 26일 촬영된 사진으로 동독의 132033호 기차가 달리는 모습이다. 30년이 지난 지금, 초병이 오가는 기차와 정거장을 눈을 부릅뜨고 감시했던 다리는 사라지고 분단의 잔해조차 남지 않았다.

사진출처
https://tse4.mm.bing.net/th?id=OIP.O5Y7aNtc8DpzwC_SZgdWQwHaEy&pid=Api&P=0&w=250&h=162

최신 전철이 다니는 역사엔 1번홈 동독지역 막데부르크행, 2번홈 서독지역 헤름슈테트행을 알리는 표지판이 접경정거장이었음을 일깨워준다.

공간 속 통일

　멀리서 기적소리가 희미하게 들려왔다. 마리엔보른역은 이제 더이상 사용하지 않는 역이 되었지만, 여전히 기차는 쉼 없이 달려가고 또 길을 이어간다. 서독 브라운쉬바이크행 빨간색 열차가 순식간에 지나가 버린다. 30년 전 여기서 벌어졌던 신분증 검사, 짐 검사, 차량 검사 없이.

　열차가 매끄럽게 사라지며 마치 철로에 통일, 통일, 통일의 소리를 흩뜨리는 것 같다. 12시간을 날아가 동서독의 분단 흔적을 찾아다니며 역 앞에 선 아직 분단국가의 사람들에게도.

15
회텐스레벤 접경기념물
Grenzdenkmal Hötensleben

힐데스하임

아인베크

노르트하임

동서독 접경선 ------

# 350미터에 이르는 분단장벽

　서독 니더작센주 쇠닝겐(Schöningen)을 마주 보는 동독 작센-안할트주 접경지 회텐스레벤은 마리엔보른 기차역에서 약 18㎞ 떨어져 있다. 동서독 접경 1,393㎞ 여정에서 보면, 첫 출발지인 뤼벡-쉬루툽 접경기록보존소에서 300㎞ 이상 달려온 거리다.
　2차선 도로 바로 옆에 있는 회텐스레벤은 지금까지 가장 잘 보존된 동독 접경방어시설로 유명한 곳이다. 동독이 분단선에 설정한 500m 보호지대 안에 위치한 곳으로 동독은 1970년대 중반에 두 개의 장벽을 세웠다. 서독으로의 탈출방지용과 주민들의 시야 차단용이었다.
　장벽이 열리자마자 설립을 구상하고 1993년 문을 연 회텐스레벤 접경기념물은 1985년 당시의 상황을 생생하게 보여준다. 350m 길이의 장벽, 강철로 만든 대전차장애물, 철조망, 지뢰밭, 콘크리트감시탑, 경고판 등의 모든 시설이 원형 그대로 6.5ha의 부지에 보존되어 있다.

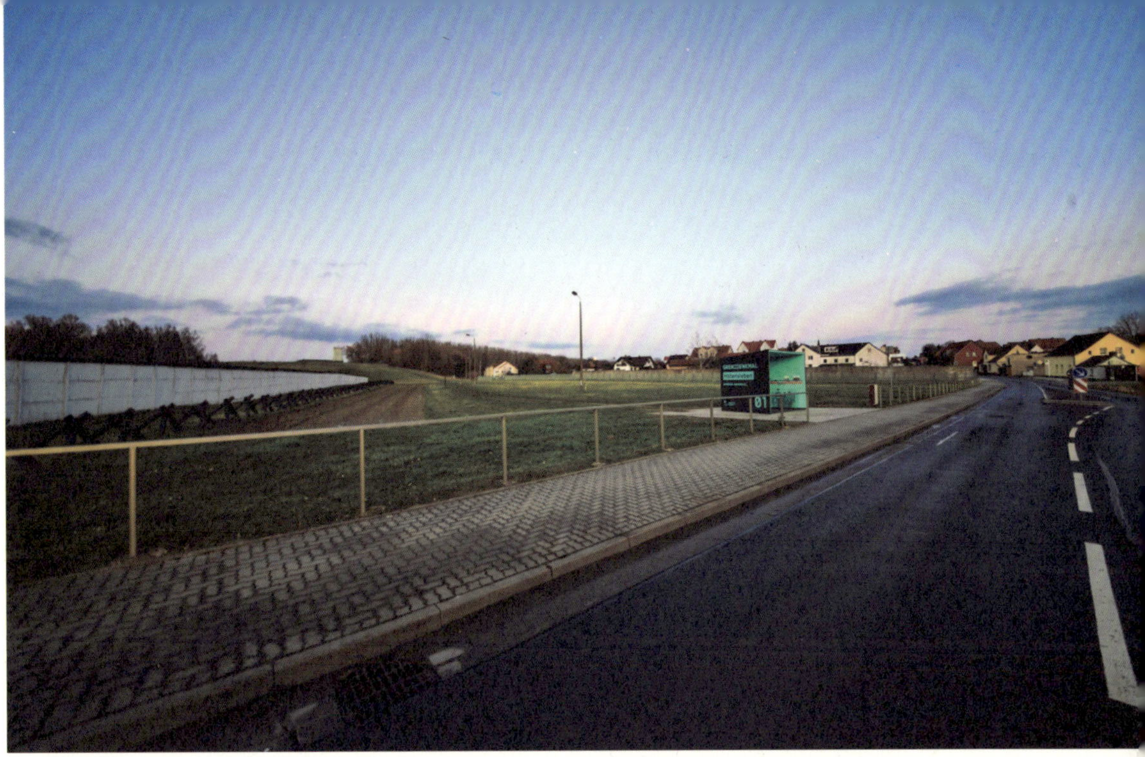

GRENZDENKMAL
Hötensleben
BORDER MEMORIAL
01
GRENZREGIME/

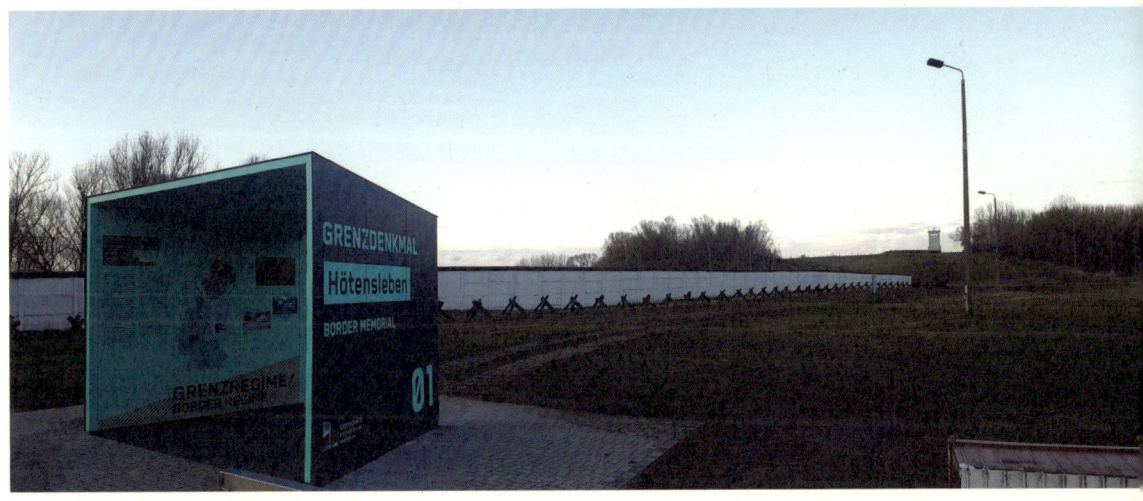

다리 아래 조그만 하천이 분단선이었다. 1989년 11월 19일 오전 7시 50분까지 독일과 유럽이 분단된 곳이라는 표지판이 우측에 보인다.

다리 아래 하천

다리 위에 분단선 자국이 아직 남아 있다.
다리 왼쪽에 서독 니더작센주의 표지판이 보이고, 다리 오른쪽이 동독 회텐스레벤이다.

visitors a view over the border grounds.

동서독의 분단선이었던 하천은 뛰어넘을 수 있는 거리다.
흑백사진에서 서독 사람들이 이곳에 서서 동독지역을 바라보던 장면이 인상적이다.

갈대밭 사이로 동독 국경표식지주가 보인다.

회텐스레벤 야외 접경기념물의 배치도로 분단선 왼쪽이 서독이다.
① 접경초소 ② 순찰도로인 코론넨벡/순찰지대 ③ 철조망/콘크리트장벽/탐조등
④ 강철 차량방어 구조물/차량 방벽 ⑤ 콘크리트지휘감시탑 ⑥ 지뢰/자동발사장치 ⑦ 군견활동지
⑧ 접경전초공간 ⑨ 경계근무소 ⑩ 접경통제공간 ⑪ 콘크리트감시탑

분단 시기 서독 쇠닝겐에서 바라본 회텐스레벤의 상황이다.
도로는 막혔고, 동독마을은 콘크리트장벽으로 가두어졌다.

1950
500m 지역 내에 있는 술집은 밤 10시에 문을 닫았고, 교회는 폐쇄되었다. 그들은 모든 것이 우리의 안전을 위한 것이라고, 국경은 감시되고 지켜져야만 한 다고 말했다.

1970
이와 같은 억압 상황 속에도 여기서 사는 우리는 삶에서 가능한 한 정상적인 것처럼 살아가고자 했다. 나무 탁자와 벤치에서 파티도 했다.

1960
벌판을 저쪽으로 넘어가는 것은 물론이고, 신분증을 가지고 있지 않거나 길을 조금이라도 벗어나는 것도 접경선 범법행위가 되었다

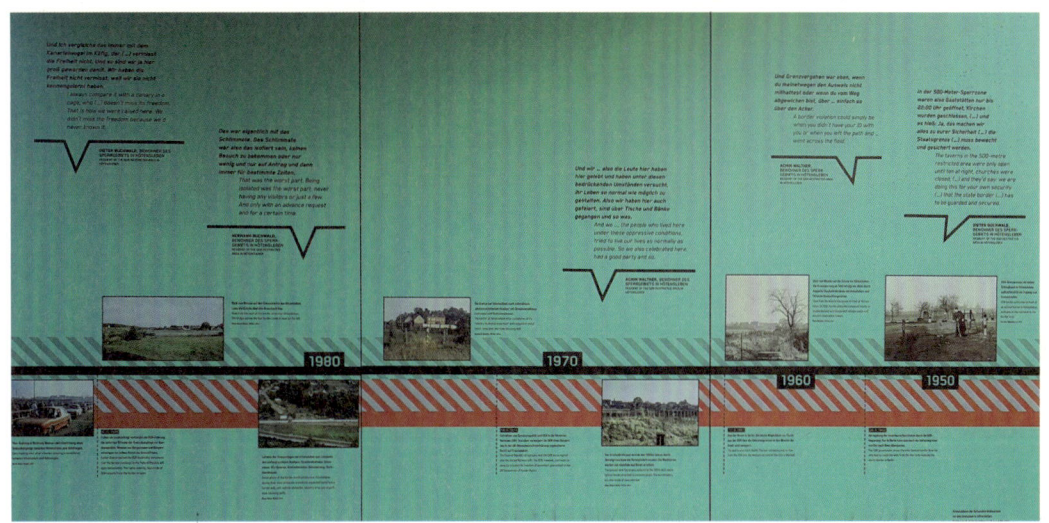

마을주민들이 분단 시기를 육성으로 회고하는 글귀들이 가슴을 아프게 한다.

1980 그것이야말로 최악이었다. 가장 나쁜 것은 아무도 찾아오지 않고, 아주 가끔씩 온다고 해도 신청을 통해 지정된 시간에만 방문객을 맞을 수 있었다는 고립된 상황이었다.

1989 붕괴전 나는 내 처지를 자유를 그리워하지 않는 새장에 갇힌 카나리아새와 비교했다. 우리는 여기서 그렇게 자랐다. 우리는 자유를 그리워하지 않았다, 왜냐하면 자유가 뭔지 알지 못했기 때문에.

분단의 어제

대전차장애물

　대전차장애물은 쇳덩이의 무게만큼이나 분단의 상징으로 다가온다. 당시 모습 그대로 보존되어 분단교육장으로 활용되고 있다.

통일의 오늘

공간 속 통일 1

　엄격하게 정리되었을 분단을 극복하고 통일 30년이 지나자 철조망도 자연의 일부가 되었다. 작은 철조망 사이를 뚫고 분신을 뻗쳐 가고 있다. 한때 그래도 한 공간인데 가로막힌 저 철조망 앞에서 사람이나 나무나 얼마나 많이 애쓰고 아파했을까? 겨울이 지나 나뭇가지에 새순이 돋고, 그 위로 빨간 열매도 한 아름이나 맺혔다.

공간 속 통일 2

　가로 7개, 세로 4개로 총 28개의 구멍이 뚫린 코론넨벡은 동독 국경수비대의 차량순찰로로 활용하던 콘크리트구조물이다. 땅속에 설치된 지 수십 년이 지났지만, 여전히 견고하게 박혀 분단의 증거물이 되었다. 끝을 알 수 없을 만큼 이어진 코론넨벡은 산책로나 도로와 연결된 주차장이 되기도 한다.

독일통일 10선

05 / 서독의 조용한 통일 지휘

1989년 동독에서 분출되었던 평화적 혁명의 진전은 베를린장벽의 붕괴에도 멈추지 않았다. 개혁·개방을 위해 부르짖었던 "우리가 바로 국민이다!"(Wir sind das Volk!)라는 동독 주민들의 함성이 이제 "우리는 하나의 국민이다!"(Wir sind ein Volk!)로 바뀌어 동독 전역에 메아리쳤다. 열화와 같은 통일에의 염원은 거역할 수 없는 대세로 전변되고 있었다.

사실 베를린장벽의 붕괴에도 불구하고 서독은 동독 주민들의 통일의지를 짐작하지 못하였다. 헬무트 콜 총리가 1989년 11월 28일 의회에서 발표한 장기적 통일방안을 담은 「양독 관계의 새로운 설정과 독일문제 해결을 위한 10개항 프로그램」이 그것을 말해준다. 신속한 독일민족의 통일이 아니라, 동독 주민에게 긴급 구호를 실시하고, 동독의 체제 변화를 지원하며, 동독과 연합국가를 구성하여 양독 관계를 유럽통합 속에 발전시킨다는 구상이었다.

그러나 12월로 접어들면서 동독 주민의 통일열기가 극적으로 표현되자, 콜 총리는 12월 19일 동독의 드레스덴에 달려가 마침내 독일통일의 추진을 선언하였다: "역사적 순간이 허락한다면, 나의 목표는 우리 민족의 통일입니다".

전승 4국은 물론, 유럽의 모든 국가들이 'German Problem'에 기초한 'German Question'에의 우려를 가졌던 현실에서 서독 정부는 통일에의 모든 사안이 전승 4국은 물론이고 동서 양 진영 이웃 국가들의 의견에 대한 존중 속에서 이루어져야 한다는 사실을 명확하게 알고 있었다. 동독 주민들이 베를린장벽을 허물었고, 동독 주민들이 서독과의 통일을 열망하고 있다고 하더라도 만약 서독이 공개적으로, 의도적으로 독일의 통일을 추진하였더라면 독일통일은 결코 성공할 수 없었을 것이다. 어느 국가도 서독에 의한 동독의 흡수통일을 동의하지 않았을 것이다.

서독은 드러나지 않고 조용하게 무대 뒤에서 통일과정을 '지휘'하였다. 동독 주민의 결단에 의한 통일의지 표출, 동독 주민의 민족자결권의 행사에 의한 통일만이 전승 4국과 유럽의 모든 국가들이 독일의 통일을 허용할 수밖에 없는 유일한 길이라고 전략을 잡았다.

결국 돌파구는 동독 주민의 결단이었다. 누구도, 어느 국가도 독일의 통일을 반대하지 못하는 전기, 서독 주민도 받아들일 수밖에 없는 결정적 계기는 동독 주민들에 의한 자유총선거였다. 서독 정부가 그 길로 조용하게 이끌었다.

16
브로켄산
Der Brocken

힐데스하임

아인베크

노르트하임

동서독 접경선 -- -- -- --

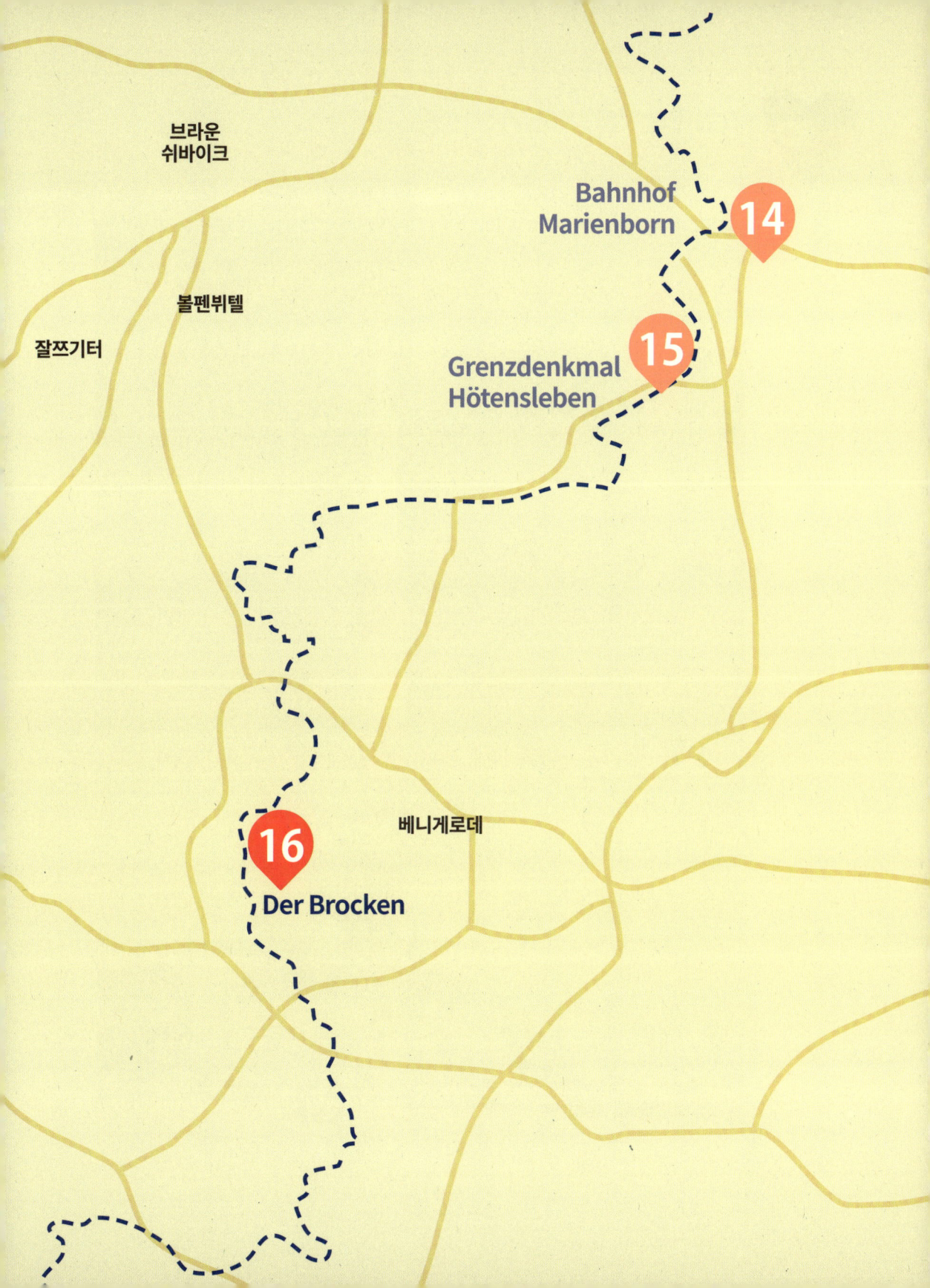

 그뤼네스 반트에서 가장 높은 지역

하르쯔 지역의 최고봉인 브로켄산(Brocken)은 해발 1,142m로, 동서독 접경 지역 및 그뤼네스 반트 중 가장 높은 곳이다. 2차 대전 이후 동독이 속한 바르샤바조약군의 최전방 군사기지로 특히 첩보시설(도청)이 설치된 곳이었다. 레이더를 포함해 주요 군사시설은 소련군과 동독 비밀경찰 슈타지에 의해 운영되었다. 1994년 3월 30일 주둔 소련군의 마지막 병력이 철수했다.

1994년 작센-안할트주가 군사기지를 매입하였고, 2000년 상하르쯔(Hochharz) 국립공원의 중심지로 문을 열면서 수많은 관광객이 이곳을 찾는다. 특히 '브로켄의 유령'(Brockengespenst)이라는 전설이 전해오면서 해마다 마녀축제가 열리고 있다. 마녀전설은 브로켄에 1년 중 300일 정도 안개가 끼는 기후 특성으로 유래되었다고 한다.

브로켄산 정상까지는 증기기관차가 운행된다. 협궤열차로 베니게로데(Wernigerode)에서 출발해 이곳까지 약 2시간 30분 정도 걸린다. 향수와 낭만이 있는 증기기차로 브로켄은 더욱 매력적으로 다가온다.

1952년 동독이 이곳에 차단지역을 설치하면서 서독인들이 갈 수 없는 곳이 되었고, 1961년 베를린장벽 설치를 계기로 동독 주민들도 접근할 수 없는 산이 되었다. 장벽이 열린 이후 4,000번 이상 브로켄산에 올라 기네스북에 이름을 올린 한 등산가가 주동이 되어 "브로켄은 다시 자유다!"(Brocken Wieder Frei!)란 글귀를 새긴 비석이 1994년 장벽 붕괴 5주년을 맞아 세워졌다. 2009년 12월 3일 브로켄산의 장벽이 무너진 20주년이 된 날에도 특별한 행사가 정상에서 열렸다. "동독에서의 평화적 혁명이 일어나 브로켄산 정상을 군사차단지역으로 만들었던 장벽이 1989년 12월 3일 12시 45분경에 열렸다"고 적은 기념판이 세워졌다.

동서독 접경 1,393km 여정 중, 원래 일정은 아침 일찍 증기기관차를 타고 브로켄산에 오를 계획이었다. 그런데 봄이 오는 3월에 때아닌 폭설을 만났다. 기찻길은 눈 속에 덮였고 증기기관차는 산을 향해 오르지 못했다. 8년전 방문했던 추억으로 아쉬움을 달래고 다음번 여정을 기대하며 발길을 돌렸다.

국립공원으로 보호되는 브로켄산에 하르쯔 협궤증기기관차가 오르고 있다.

브로켄산으로 가기 직전 쉬르케(Schierke)역에 서 있는 안내판이다. 증기기차를 타고 정상에 오르면 맑은 공기와 역사를 체험할 수 있는 곳이라 소개한다. 브로켄에서 열리는 락오페라 파우스트 홍보도 보인다.

산 정상에는 군 시설을 개조해 전시장으로 만든 '브로켄의 집'이 있다.

브로켄에서 사용된 감청장비(쉬루툽 접경기록보관소 소장)

하르쯔 국립공원에 속하는 '브로켄의 집' 내부 안내도 :
2층에는 브로켄원시림에 서식하는 동식물을 소개하고, 3층에는 여기에서 운영되었던 기상관측과 라디오 및 TV 중계 시설물이, 4층 둥근 지붕에는 감청장비가 원래의 모습대로 전시되어 있다.

조르게 접경박물관
SORGE Grenzmuseum

동서독 접경선 -------

 마을 내 옛정거장

주민 200여 명이 살고 있던 휴양지인 조르게는 처음 미군이 점령했다가 다시 소련점령지로 바뀌었다. 동서독으로 분단이 된 후 동독이 500m 보호지대를 설정하자 그 안에 포함된 접경마을 조르게는 출입이 통제되고, 10가구는 이른바 '독충 계획'에 의해 강제 이주되는 등의 어려움을 겪었다. 분단 기간에는 허가증을 받은 적은 수의 사람만이 이 휴양지를 찾을 수 있었다.

'조르게 접경박물관'(Sorge Grenzmuseum)은 '조르게 야외접경박물관'(Freiland-Grenzmuseum Sorge)을 운영하는 '조르게 박물관협회'(Verein Grenzmuseum Sorge e.V.)가 베를린장벽 붕괴 20주년을 기념하여 2009년 가을 조르게 마을 내 옛 정거장역사를 개조하여 만들었다. 당시 접경지역 상황을 모델로 만들어 전시하고, 동독 국경수비대와 접경주민의 일상을 소개하고 있다. 매년 5월 1일부터 10월 31일까지 운영한다.

이곳도 브로켄산으로 가는 증기기관차의 정거장이다.
여기서 쉬르케(Schierke)를 거치면 브로켄이다.

(18)

조르게 야외접경박물관
Freiland-Grenzmuseum Sorge

동서독 접경선 -------

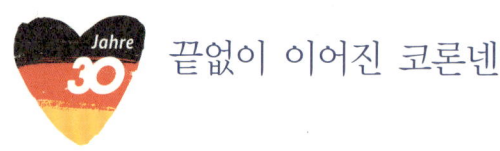 끝없이 이어진 코론넨벡

조르게 야외접경박물관은 그뤼네스 반트의 목적에 부응하여 자연을 보전·보호하면서, 분단 시기 독일을 절대로 잊어서는 안 된다는 인식에 주안점을 두고 조성되었다. 당시 접경지역에 설치되었던 주요 방어시설물들을 원형대로 보존하여 후세에게 있는 그대로 전달하려는 취지다.

조르게 야외접경박물관 입구에는 접경철조망과 통문으로 당시 사용되었던 실물이라는 표지가 붙어 있다.

　　박물관 겸 공원인 이곳은 숲 사이로 난 코로넨벡을 따라가면서 당시의 분단 상황을 보여주는 다양한 시설물을 볼 수 있다는 게 장점이다. 하늘을 향해 높이 뻗은 울창한 나무숲 속에 끝이 보이지 않을 정도로 길게 이어진 코로넨벡은 두 개의 길이 나란히 마주하는 통일의 길과 같은 느낌이다. 분단 시기에는 탈출자를 잡기 위한 순찰로였지만 수십 년이 지나는 동안 자연 속에 묻혀 땅의 일부가 되었다.

'기억의 원': 통일 상징, 환경파괴 경고

맑은 공기를 마시며 한참을 걷다 보면 '기억의 원'(Ring der Erinnerung)이라는 작품을 만난다. 죽음의 분단선이 통합과 화합의 그뤼네스 반트로 바뀐 목적에 알맞은 작품이다. 1993년 헤르만 프리간(Hermann Prigann)이 조성한 이 작품은 직경이 약 70m에 이르는데, 그 원의 중간에 분단선이 통과하고 있다. 훼손되고 파괴된 자연은 이를 자신의 옷으로 만들어 새로운 삶으로 되살아난다. 그것이 바로 아름다움(Schönheit)이고 작가는 이를 체험케하고자 했다.

인간에 의해 훼손된 접경지역의 생태적 문제 그리고 두 독일의 통일을 통한 통합, 두 가지를 미학적으로 상징화한 '기억의 원'이다. 주변의 죽은 나무들로 원형의 담을 쌓았다. 시간이 흐르면 죽은 나무들은 다시 흙으로 돌아간다. 그 사이 죽은 나무들 속에는 벌레 등 각종의 생명이 사는 삶의 공간이 된다. 쇠락(Verfall)과 성장(Wachstum)의 은유다.

'기억의 원'에는 동서남북 방향으로 4개의 입구를 만들고, 표지석을 땅에 박아두었다. 표지석에는 각각 AER(공기), 물(AQUA), 동물(FAUNA)과 식물(FLORA)이 새겨져 있다. 원의 중앙에는 흙(TERRA)의 표지석이 있다. 존재하는 모든 것들이 생태적으로 연결되어 공생한다는 의미다. 또한 '기억의 원' 안에는 분단 시기 접경철조망의 지주로 사용되었던 9개의 철근콘크리트 기둥을 그대로 두었다. 그 생태적 공생을 잊어버리고, 길고 아프게 실재했던 독일의 분단을 기억하기 위해서.

◀ 2012년 모습

▼ 2020년 현재 모습

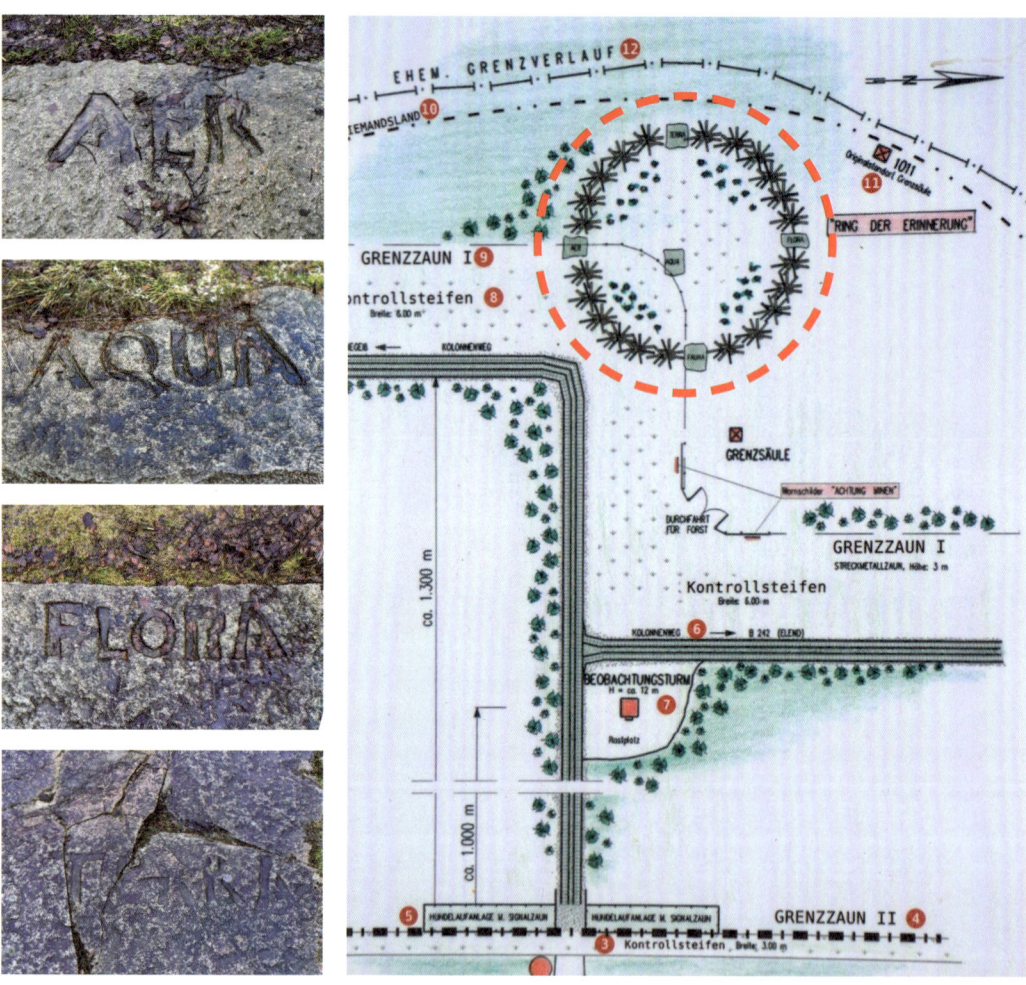

4개의 문 　　　　　'기억의 원' 구성도

'기억의 원' 내 9개의 콘크리트 철조망장벽 지주

철조망장벽 밑으로 흐르는
수로에 설치되었던
둥근 방어막은
이곳에서만 볼 수 있는
특별한 시설이다.

그뤼네스 반트 내에 위치한 조르게 야외접경박물관은 자연 그대로의 아름다움을 보전하면서 간벌 등을 통해 자연의 생명력을 보호·강화하고 있다.

콘크리트로 된 감시탑은 일반형(폭 2x2)과 지휘형(폭 4x4)이 있다. 조르게 지역의 접경선 13㎞에 걸쳐 4개의 일반감시탑과 1개의 지휘감시탑이 설치되어 있었다. 사진은 일반감시탑이다.

독일통일 10선

06 자유총선거에 의한 동독 주민의 민족자결권 행사

지난 세기에 국제사회에서 가장 높게 받아들여진 가치가 민족자결권의 행사였다. 또한 전승 4국은 분단 기간 동안 독일분단의 극복 방법으로 분명하게 민족자결권을 밝혔다. 서독은 동독이 자국의 미래를 위해 어떠한 정치적 선택을 할 것인가의 방법으로 자유로운 총선거를 적극 지지했다. 베를린장벽 붕괴 이후 체제 변화를 위해 과도정부의 역할을 했던 동독의 '원탁회의'(Runder Tisch)가 새로운 정부 구성을 위한 자유총선거를 제시했고, 이를 서독이 지지한 형식이다.

그러나 사실 베를린장벽 붕괴 이후 서독 정부는 동독 내 새로운 정당 형성에 개입하였고, 동독의 성직자·평화운동가·언론인·학자 등 여론지도층에 적극 다가갔다. 동독이 자유총선거를 통해 민족자결권의 행사로 가는 과정에 대한 서독의 드러나지 않은 조용한 영향에 관해서는 아직 실증적인 연구가 진행되지 않았다. 분명한 사실은 서독이 개입하였다는 것이다.

새로운 정부 구성을 위한 동독 총선거가 결정되자 전승 4국은 이제 통일문제는 기본적으로 그들이 약속한대로 민족자결에 의한다는 원칙적인 입장으로 물러설 수밖에 없었다. 전 세계가 지켜보는 가운데 1990년 3월 18일에 실시된, 동독 40년 역사상 최초이자 마지막이었던 자유로운 총선거의 결과 신속한 통일에 대한 동독 주민의 의지가 확고하게 밝혀졌다. 이날 '독일민족의 통일'은 이루어졌다.

　남은 것은 법적 통일이었다. 전승 4국은 물론, 유럽의 모든 국가들은 독일통일을 받아들일 수밖에 없게 되었다. 문제의 초점은 이제 어떠한 영토 위에, 어떠한 군사안보적 위상과 역할, 그리고 군사력을 가진 통일독일을 맞아들이느냐 하는 것이었다.

⟨ 19 ⟩

받 작사 테텐보른 접경박물관
Grenzlandmuseum Bad Sachsa Tettenborn

Grenzdurchgangslager Friedland ㉒

동서독 접경선 ------

 ## 접경박물관을 둘러싼 온천 휴양지

    서독 니더작센주 받 작사 테텐보른(Bad Sachsa Tettenborn) 접경박물관을 찾아가는 일은 그리 녹록지 않았다. 차량 네비게이션에 표시된 주소로 정확히 갔지만, 접경박물관은 모습을 드러내지 않았다. 온천 휴양지로써 그 자체로 예쁜 정원이라 해도 될 만큼 나무와 꽃과 집들이 어우러지는 작은 마을 속에 박물관이 숨어 있었다.

밭 작사 테텐보른 접경박물관과 마을 전경

받 작사는 소련군점령지에서 영토교환을 통해 영국군점령지가 된 마을이다. 서독 니더작센주와 동독 튀링겐주 사이의 접경마을로 뉘헤이(Nüxei)를 거쳐 동독 마켄로데(Mackenrode)로 가거나, 발켄리드(Walkenried)를 거쳐 동독 엘리히(Ellrich)로 갈 수 있다.

1992년 11월 12일 받 작사의 한 지역인 테텐보른이라는 마을에 작지만 의미 있는 접경박물관이 문을 열었다. 마침 그날은 이 지역의 분단선이 열린 지 만 3년이 되던 날이었다. 베를린장벽이 붕괴된 11월 9일로부터 3일이 지난 11월 12일에 이곳의 접경선이 열렸다.

주요 전시물 중에는 1945년부터 남하르쯔(Südharz)지역의 접경지역이 어떻게 발전되어 왔는가에 관한 실물자료가 있다. 더불어 동독이 수여했던 다양한 훈장과 견장을 소장하고 있으며, 동독에서 서독으로 탈출을 시도했던 기록물, 특히 동독에서 열기구를 통해서 탈출하려 했던 관련 자료를 소장하고 있다.

1989년 8월 한 부부가 침대보를 붙여 만든 열기구로 서독행 탈출을 시도했다. 1978년 두 가정이 열기구로 탈출에 성공했던 행운이 그들에게도 오리라 믿었다. 그러나 부부는 실패하고 잡혀서 11월 장벽이 무너지고 나서야 감옥에서 나올 수 있었다. 철의 장막이 그렇게 급작스레 붕괴될 줄을 누구도 몰랐다.

온천을 하며 요양하는 이곳에서 분단의 아픔들이 치유되고 있다. 조그만 연못가 옆에 아기자기한 정원으로 꾸며진 아름다운 마을에서 분단의 기억들을 더듬을 수밖에 없는 것은 여전히 분단시대를 살아가는 우리이기 때문이다.

박물관 유리 정문에 "끝은 바로 시작이었다. 1945년 전쟁 말기 남하르쯔"라는 주제의 심포지엄 개최를 알리는 포스터가 붙어 있다.

이름 없는 접경박물관
Unbekanntes Grenzmuseum

Grenzdurchgangslager Friedland **22**

동서독 접경선 - - - - -

 개인 소유와 역사적 보존

    한적한 시골 마을을 벗어나 길가에서 잠시 쉬어가기로 했다. 차를 세울만한 적당한 장소를 찾던 중 희미하게 감시탑 하나가 멀리서 보였다. 접경선을 따라가다 보면 다양한 규모의 야외전시장을 보게 된다. 크고 작은 외형의 차이뿐만 아니라 각각 다른 흔적들을 발견할 수 있다.

    이곳은 유난히 코론넨벡이 눈에 들어온다. 땅에 박혀 있을 때는 그 두께가 얼마인지 가늠조차 못 했다. 밖으로 드러난 실제는 15㎝나 되었다. 수십 년 동안 차량이 지나다녀도 흠집 하나 없는 이유다.

Grenzturmbesitzer
Fredi Willig
Danzigerstr. 18
Bad Lauterberg OT Bartolfelde
Tel. 05524-80167
Handy 0178-9383844

콘크리트감시탑 벽면에는 탑이 사유물이라며 소유자의 이름, 주소, 일반전화와 휴대전화 번호를 적어놓았다. 관람을 원하면 언제든 연락을 달라는 의도다. 사유화가 되었어도 원형이 그대로 보존되고 있는, 원형 그대로 보존해야 함에도 그것을 소유하는 제도와 의식이 부럽다.

나사에 연결된 통신선들은
어떤 대화를 날랐을까?
'자유'에 도움이 되는 것은
분명 아니었다.

㉑
아힉스펠트 타이스퉁겐 접경박물관
Grenzlandmuseum Eichsfeld Teistungen

Grenzdurchgangslager Friedland ㉒

동서독 접경선 ------

감시탑으로 활용된 수도원의 방앗간

아힉스펠트(Eichsfeld)는 전쟁이 끝나면서 분단되었다. 작은 부분이 영국군, 큰 부분이 소련군 점령지가 되었다. 제한적이나마 오고 가던 교류는 1949년 양 독일이 건국하면서 어려워지고, 1952년과 1961년 동독의 통제조치로 끊어졌다.

1972년 동서독「기본조약」체결 이후 이 두 지역 간에 소규모지만 상호왕래가 가능해지면서 동독은 튀링겐주 아힉스펠트의 접경지 타이스퉁겐(Teistugen)에 새로운 접경통과검문소를 세웠다. 서독의 니더작센주 두더슈타트(Duderstadt)와 마주 보는 곳이다. 타이스퉁겐에서 아힉스펠트로 가려면 보르비스(Worbis)를 거쳐야 하므로 흔히 두더슈타트-보르비스 접경통과검문소라 부른다. 1973년 7월 21일 공식적으로 접경지역 교통이 개통되었고, 그로부터 1989년까지 약 6백만 명이 이 접경통과소를 왕래할 만큼 규모가 커졌다.

　베를린장벽 붕괴 소식은 이곳에도 어김없이 전해졌다. 철옹성 같았던 장벽이 무너지자 11월 9일과 10일 새벽에 이곳 통과소 역시 개방되었다. 이후 1990년 7월 1일 동서독 간「화폐·경제·사회통합협정」이 발효되자 접경통과검문소로서의 임무는 마침내 종료되었다.

　아흰스펠트 타이스퉁겐 접경박물관은 접경통과검문소를 개조해 만든 곳이다. 분단 시기의 애환을 담아 1995년에 문을 열었다. 약 1,000㎡ 크기의 박물관 내부에는 독일의 분단, 동독의 접경지역 감시체계, 그리고 그뤼네스 반트에 관한 상세한 정보가 전시되어 있다.

　박물관 앞 옛 경계선에는 분단 시절에 접경통과검문소의 지휘통제 및 감시탑으로 활용되었던 방앗간탑(Mühlenturm)이 있다. 인근 수도원에서 사용하던 방앗간 건물을 활용한 것이다. 방앗간탑 내에는 당시 사용했던 통신시설, 탐조등을 포함한 감시장비가 옛 모습 그대로 전시되어 있다.

　야외전시장은 민주주의와 생태계가 주제이다. 동독 독재체제를 고발하고 자연과의 화합을 교육하고자 한다. 벌판에는 당시 사용되었던 접경지역 장해시설물과 감시탑 등이 원형 그대로 놓여 있다. 분단 상황을 보여주는 역사적 의미의 박물관으로써 뿐만 아니라 분단 체험의 산교육장으로 활용되는 곳이다. 니더작센주와 튀링겐주의 접경선을 따라가며 약 6km의 산책길이 그뤼네스 반트 내에 형성되어 있다.

　박물관 주차장에는 1994년 다음의 글을 새긴 기념석이 세워졌다. "아힉스펠트는 1945년부터 1989/90까지 분단되었으나, 한 번도 분리되지 않았다."

방앗간감시탑과 꼭대기 층의 4면 창에서 바라본 바깥 풍경, 그리고 1988년 당시 아힉스펠트 접경통과소 상황이다. 우측에 방앗간감시탑이 보이고 그 앞으로 동독 국장이 들어간 흰색 탑이 서 있다.

1989년 11월 9일 베를린장벽이 열리고 아힉스펠트 장벽도 열렸다. 그해 크리스마스, 접경선을 넘어 동서가 함께 어우러졌다.

박물관 별관에 마련된 독일 및 유럽 그뤼네스 반트 전시장

분단 시기 검문을 위해 사용되었던 바리케이트 뒤쪽으로 1989년 11월 10일 0시 35분까지 이곳이 분단되었다는 표지판이 서 있다.

자연의 일부가 된 코론넨벡이다.

접경지역을 순찰하던 서독접경수비대 소속 헬리콥터다. 당시 실물 그대로 전시되어 있다.

실내전시물

마침내 그 분단이 끝났다

서독지역에서 동독지역을 바라보며
눈물짓던 분단의 사람들

장벽이 무너지고 경계가 허물어지던
날, 사람들은 비로소 웃었다.

TV: 또 다른 세상을 보는 창

어느 동독의 가정이 시청했을 텔레비전이다. 통일 이후 조사를 통해 동독 주민이 가장 선호했던 서독의 방송프로그램은 시사토론과 뉴스였다. 사실을 왜곡하는 동독이 아니라, 서독의 방송을 통해 자국과 외부의 상황을 알 수 있었다.

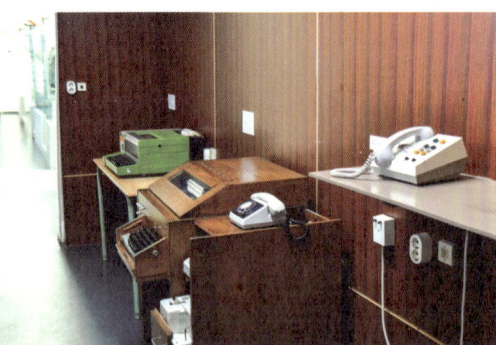

사회주의 줄서기

동독의 생산물품 전시 뒤로 과일을 사기 위해 긴 행렬로 서 있는 동독주민의 사진이 이른바 사회주의 제1의 경제강국 동독의 현실이었다.

'동독으로 선물을'

　1972년 동서독 간에 「기본조약」이 체결되면서 주민들의 상호 방문이 가능해졌다. 대부분 서독 주민의 동독 친지 방문이 주를 이루었고, 서독산 선물이 큰 환영을 받았다. 1980년대 중반에는 선물을 직접 들고 가지 않아도 가능하게 되었다. 서독 주민들은 동독으로 선물이 가능한 상품카탈로그를 보고, 선물을 골라 그 금액과 수수료를 서독의 은행에 입금하면서 동독 수취인의 이름과 주소를 자세하게 기록한다. 그 계좌는 동독의 것으로 동독은 2주 내에 받는 이에게 통고하고 선물교환권을 주면, 동독 친지는 동독 면세점인 'Intershops'에서 선물을 받는다. 사진 속 잡지가 1987년에 발간된 '동독으로 선물을'(Geschenke in die DDR)이란 선물 카탈로그다. 통일 직전에는 카탈로그가 200페이지가 넘어 37DM짜리 식료품에서 공산품은 물론 조립식집까지 선물이 가능했다.

6·25 전쟁과 서독의 재무장

1949년 서독은 국가가 되었으나 군대가 없었다. 어느 국가도 서독의 재무장을 원하지 않았다. 그러한 상황에서 저 멀리 한반도에서 전쟁이 터졌다. 서독은 공산주의 침략 전쟁이 유럽에서도 일어날 것으로 보고 재무장을 서둘렀다. 1950년 동독이 약 8만 명의 무장병력을 보유하였고, 여기에 약 40만 명의 소련군이 동독에 주둔하고 있다는 사실도 설득에 한몫했다. 1951년 3월 16일 서독은 우선 경찰특별부대 형식으로 연방접경수비대(Bundesgrenzschutz: BGS)를 창설했다. 경계선을 불법적으로 넘거나 접경지역의 범법행위로부터 안전을 지키는 것이 임무였다.

"영웅적으로 싸우고 있는 한국 국민을 위해 기부하자"는 포스터가 가슴을 시리게 한다.

▼ 한국민을 위한 기부 포스터

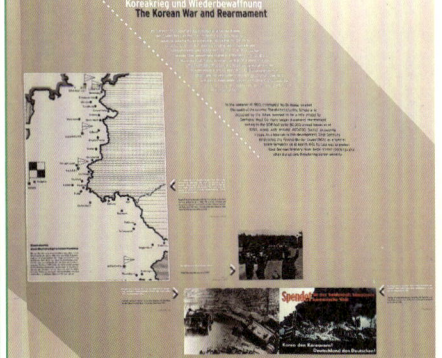 

▲ 지도상에 BGS의 주둔지가 표시되어 있고, 훈련 상황이 소개되고 있다.
한반도 어느 전쟁터에서 부서진 소련제 T-34 탱크 옆으로 유엔군 지프가 달리고 있다.

전시장의 한반도 지도

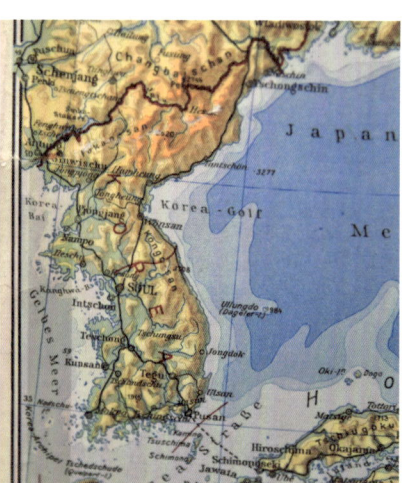

한반도의 아픔을 전시하고 있는
박물관에 걸린 '일본해'가 명기된 지도,
다시 한번 아프게 한다.

장벽 제거

1990년 4월 25일 아힉스펠트장벽을 동서독이 함께 제거하였다.
철조망장벽 조각이 20동독마르크(M)에 거래된다는 당시 신문 보도다.

서독의 접경지역 표지판

접경지역을 찾는 방문객을 위해 서독은 "저 너머 사람들은 적이 아니다. 그들도 우리와 같은 독일인이다. 그럼에도 불구하고 동독군은 접경선을 넘을 경우 처벌하거나 총을 쏘도록 받은 명령을 따를 것이다. 접경지역에 무단으로 들어가지 말고 공식 도로만 이용할 것을 권한다"라는 표지판을 세웠다.

감금실

박물관 지하에는 심문을 위한 감금실이 원형 그대로 보존되어 있다.

"동독공산당아 안녕!", "동독공산당아 다시 한번은 지갑에도 넣지 말자"고 쓴 대형 트렁크를 장벽이 무너진 후 동독 주민들이 들고 다녔다.

공간 속 통일

포크와 나이프를 든 암펠만

동독에서 교통신호등에 '정지'와 '통행'을 뜻하는 사람그림 '암펠만'(Ampelmann)은 통일 이후 전 독일에서 사용되는 몇 안 되는 동독의 유산이다. 통일의 대표적 브랜드이자 캐릭터로 자리 잡았다. 박물관 앞 간이식당은 동독의 국기와 경계선표지석의 색깔(검정, 빨강, 노랑)로 간판을 만들었다. 식당임을 알리는 나이프와 포크를 손에 쥔 암펠만이 눈길을 끈다. 식당에서는 음식과 함께 동독 시절 물건을 관광 상품으로 판매한다. 동독의 500M 지폐는 35유로나 할 정도로 비싸다. 그만큼 희귀한 물건이 되었다는 의미다.

암펠만과 베를린 소재 암펠만 상점

동독의 500M 지폐

독일의 국기

독일의 국기는 1919년 바이마르 공화국 당시 처음으로 사용된 검정, 빨강, 노랑의 3색기다. 1945년 전쟁이 끝난 후 국가가 없었던 독일은 1949년까지 국기를 사용할 수 없었다. 1949년 동독과 서독의 건국 이후 양 독일은 1959년까지 같은 국기를 사용했다. 그러나 1959년 10월 1일부터 동독은 서독과는 완전히 다른 새로운 독일국가임을 보여주기 위해 국기 중앙에 국장을 추가한 새로운 형태의 국기를 사용하기 시작했다. 국장 안에는 망치, 컴퍼스, 호밀 고리가 그려져 있는데 망치는 노동자를, 컴퍼스는 지식인을, 호밀 고리는 농민을 의미한다. 동독국장은 동독과 함께 역사 속으로 사라지고 통일독일은 3색기를 사용하고 있다.

서독 및 통일독일의 국기

동독의 국기

독일통일 10선

07 서독의 통일외교 1: EC로의 통합

서독은 평화와 자유 수호, 그리고 공동 번영의 의지에 대해 동맹국들이 믿음을 계속 가지게 하는 과제와 함께 분단 극복이라는 두 마리 토끼를 동시에 쫓아야 하는 상황을 맞이하였다. 협력과 갈등 속에서 함께 공동체를 일구어온 서방 EC 국가들에게는 첫째, 경제적으로 가장 강력한 독일이 통일됨으로써 더욱 강력해진 지배적인 국가가 될 것이라는 우려, 둘째, 가장 큰 재정적 기여를 하고 있는 서독이 통일에 매달려 공동체에 대한 기여도를 줄일 것이라는 우려, 셋째, 통일된 독일이 과연 지속적으로 서방통합을 추진할 것인가 하는 우려, 넷째, 역사적 경험으로 볼 때 과연 독일의 정책을 신뢰할 수 있느냐 하는 근본적인 우려 등이 복합적으로 제기되었다. 이를 해결하기 위해 서독이 택할 수 있는 유일한 방법은 EC를 통한 독일통일이었다.

첫째, 콜 총리와 겐셔 외무장관은 "우리는 독일적인 유럽이 아니라, 유럽적인 독일을 건설하고자 한다"라고 기회가 있을 때마다 강조하였다. 통일이 단순한 동서독 간의 결합이 아니라, 서독이 이미 견고하게 결속되어있는 서방체제로 동독을 편입시키는 통일로써 유럽통합의 발전을 위해서도 긍정적인 영향을 미칠 것임을 강조하였다.

둘째, 독일이 유럽통합을 심화시킬 것에 대한 확고한 의지를 가시적으로 보여주었다. 콜 총리는 1993년까지 완성할 '유럽통화연맹'(European Monetary

Union) 외에도 '유럽연합'(European Union)의 설립을 위해 적극 노력할 것을 약속하였다.

셋째, 서독은 통일독일이 EC 내에서 지배적인 위치를 차지하게 될 것을 우려하는 공동체 회원국들을 안심시키기 위해 통일 이후에 EC 내 의사결정 과정에 영향을 미칠 수 있는 유럽집행위원, 유럽의회의원 및 유럽법원법관의 수를 독일이 더 많이 요구하지 않기로 하였다.

넷째, 서독의 경제력이 안정되고 강력하여 통일 이후에도 EC에 대한 기여를 줄이지 않고 동독에 투자할 수 있다는 점을 강조하였다.

다섯째, 독일의 통일로 인해 소비 수요가 늘어나 EC 국가들의 경제성장이 추가될 수 있고, 동독을 통해 동유럽 국가들을 경제적으로 개방시킬 수 있으며, 통일된 독일의 경제가 활성화될 경우 EC에 대한 독일의 경제적 기여가 더욱 커질 수 있다는 논리로 회원국들을 설득하였다.

프리드란트 접경통과수용소
Grenzdurchgangslager Friedland

Grenzdurchgangslager Friedland 22

동서독 접경선 -------

 자유지역의 의미

사진출처
https://www.museum-friedland.de/museum/zeitstrahl

    프리드란트 접경통과수용소를 찾아가는 발걸음은 다소 무거웠다. 탈북민들이 한국에 입국해 초기정착 교육을 받는 하나원이 문득 떠올랐기 때문이다. 자유를 찾아 한국에 입국한 탈북민은 하나원에서 3개월간 교육을 받고 지역사회로 편입된다. 탈북민 수가 현재 40,000명에 다가서지만, 만약 숫자가 급증하거나 한꺼번에 많이 입국한다면 어떻게 될까?

　1945년 9월 20일, 당시 영국 점령군은 서독 괴팅겐(Göttingen)시에 있는 프리드란트(Friedland, '자유지역'이라는 의미)에 전쟁귀환병, 탈출자, 추방자들을 수용하는 임시수용시설을 만들었다. 초기에는 원형의 양철건물을 사용하다가 목조건물을 거쳐 콘크리트건물로 바뀌었다. 이곳은 원래 괴팅겐대학교의 농업실습장 부지였다.

　프리드란트는 접경 및 교통의 요지였다. 서독에 속했던 니더작센주와 헤쎈주(각각 영국군과 미군이 점령), 그리고 소련 점령지였던 튀링겐주가 만나는 3각 접경지였기 때문이다. 동시에 서독의 하노버(Hannover)와 카쎌(Kassel)로 연결되는 괴팅겐과 동독의 베브라 간에 동서독을 연결하는 철도의 통과지이기도 했다.

분단 시기 양철수용소와 현재 박물관으로 사용되는 모습

　교통요충지라는 점에서 포로가 되었다가 돌아오는 수만 명의 전쟁귀환병들이 이곳에 수용되었다. 1955년 소련으로부터 전쟁포로 마지막 1만여 명이 도착했다. 이들이 수용소에 도착했을 때 수용소 내 교회에서는 "모두 하나님께 감사합시다"(Nun danket alle Gott)라는 찬송가가 울려 퍼졌다.

　분단이 굳어지자 이 시설은 동독으로부터의 탈출자와 이주자, 동구 사회주의 국가에서 거주했던 독일인들 가운데 추방된 자들을 수용하는 시설로 활용되었다. 지금은 동구권으로부터 오는 이주자 2~3세대들의 임시거주소로 사용되고 있다. 수용소에는 700개 이상의 침상이 있고, 1945년 이후 4백만 명 이상이 이곳을 거쳐갔다.

　한편, 1948년부터 1956년까지 이 수용소는 동부 및 동남부 유럽과 서독 간에 전쟁 기간 헤어진 부모와 자녀들이 만나는 만남의 장소로 활용되었다. 철의 장막이라는 첨예한 냉전의 한 가운데 적십자와 교회의 노력으로 인도적 만남이 이루어진 것이다. 반원형 형태인 양철수용소 하나가 현재 원형 그대로 보존되어 박물관으로 사용되고 있다.

1978년 12월 3일 프리드란트 수용소에 도착한 베트남 보트 피플의 모습이다.

사진출처
https://www.museum-friedland.de/museum/zeitstrahl/

공산화된 베트남을 벗어나기 위해 많은 사람이 바다로 탈출을 했다. 이른바 '보트 피플'(Boat People)이다. 서독은 35,000명의 베트남 난민을 받아들였고, 그 중 4,500명이 이곳에 수용되었다.

접경통과수용소의 전경과 배치도이다. 병원, 여성센터, 교육실, 카리타스, 어린이집, 놀이방, 세탁실, 청소년실과 숙소 등으로 구분되었다.

공간 속 통일

접경통과수용소 내 교회 앞에는 전쟁이 끝나고 자유를 찾아 이곳에 도착한 전쟁귀환자들을 추념하고 자유를 되새기는 동상이 서 있다. 그들이 올 때면 환영의 종이 찬송가와 함께 울려 퍼졌다.

게르스퉁겐 기차역
Bahnhof Gerstungen

더 둘러보기

전쟁 이후 소련이 점령하였던 튀링겐주의 접경지역인 게르스퉁겐(Gerstungen)과 아이제나흐(Eisenach)로부터, 미군이 점령했던 헤쎈주의 헤르레스하우젠(Herleshausen)이나 베브라(Bebra)접경에는 교통의 편의성으로 인해 탈주, 인신매매, 밀수가 자주 일어났다. 따라서 이 지역을 통과하는 열차에 대해서는 항상 삼엄한 감시가 이루어졌다.

동독의 아이제나흐에서 출발해 바르타(Wartha)와 게르스퉁겐을 거쳐 서독지역으로 가는 열차의 경우, 동독 접경통과 정거장인 바르타역은 폐쇄되어 정차할 수 없었다. 철도노선이 동독의 바르타에서 서독의 헤쎈주로 넘어갔다가 다시 동독의 게르스퉁겐역을 지나 다시 한번 서독지역으로 가는 지형이었기 때문이었다. 서독접경과 가까이 위치하기 때문에 열차에서 뛰어내려 탈주하는 것을 막기 위한 조치였다. 그럼에도 이 지역에서의 탈주와 밀수는 끊이지 않았다. 결국 1952년 이 승객용 철도노선은 완전히 폐지되었다. 다만 화물열차의 운행은 지속되었으며, 미·영·불 연합군 차량은 치외법권을 누려 검문 없이 통과할 수 있었다.

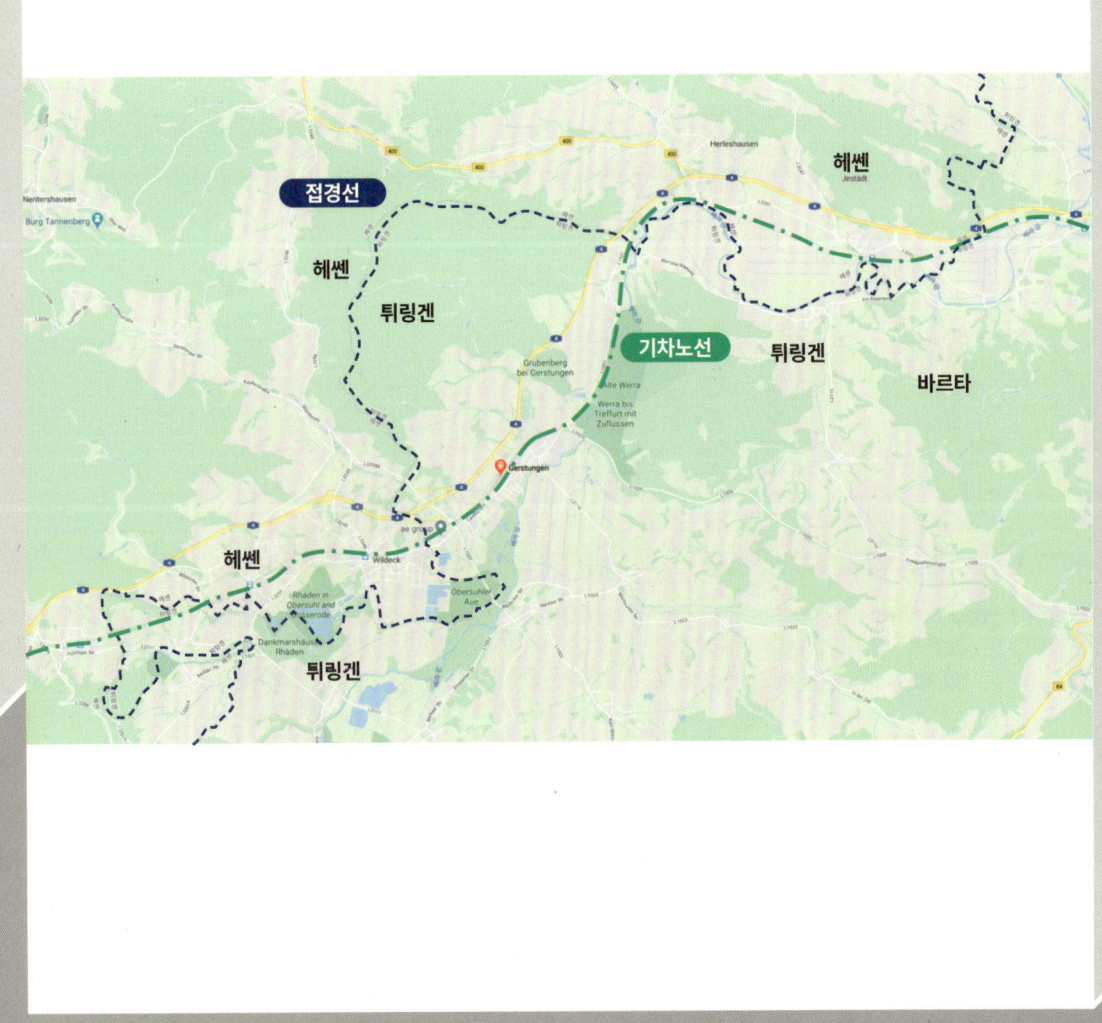

1963년부터 1990년까지 바르타 역은 완전히 폐쇄되었고, 대신 동독은 게르스퉁겐에 두 개의 정거장을 만들었다. 하나는 지역민들이 이용하는 것이고, 다른 하나는 '게르스퉁겐 접경통과정거장'(Grenzübergangsstelle Gerstungen)으로 활용하기 위해서였다. 접경통과정거장이 만들어지면서 바르타역의 역할이 이곳으로 옮겨져 여행자들의 여권 및 세관 검사, 화물 검사 등이 이루어졌다. 또한 바르타를 경유하지 않은 우회노선이 만들어졌는데, 게르스퉁겐-디트리힉스베르크(Dietrichsberg)-푀르타(Förtha)-아이제나흐를 거치는 노선이었다.

게르스퉁겐역의 1991년 모습으로 뒤쪽에 지금은 사라진 콘크리트감시탑이 서 있다.

사진출처
http://img59.imageshack.us/img59/679/192gerstungen1991072810rw9.jpg

당시 서독을 방문하거나 혹은 서독으로부터 귀환하는 동독여행자들은 게르스퉁겐 접경통과정거장에서는 탑승이나 하차가 일절 금지되었고, 곧바로 게르스퉁겐 지역기차역으로 가야만 했다.

새로 단장된 게르스퉁겐역의 모습이다.

사진출처
https://upload.wikimedia.org/wikipedia/commons/thumb/7/7f/WAK_GERSTUNGEN02.jpg/1280px-WAK_GERSTUNGEN02.jpg

(23)

쉬프러스그룬트 접경박물관
Grenzmuseum Schifflersgrund

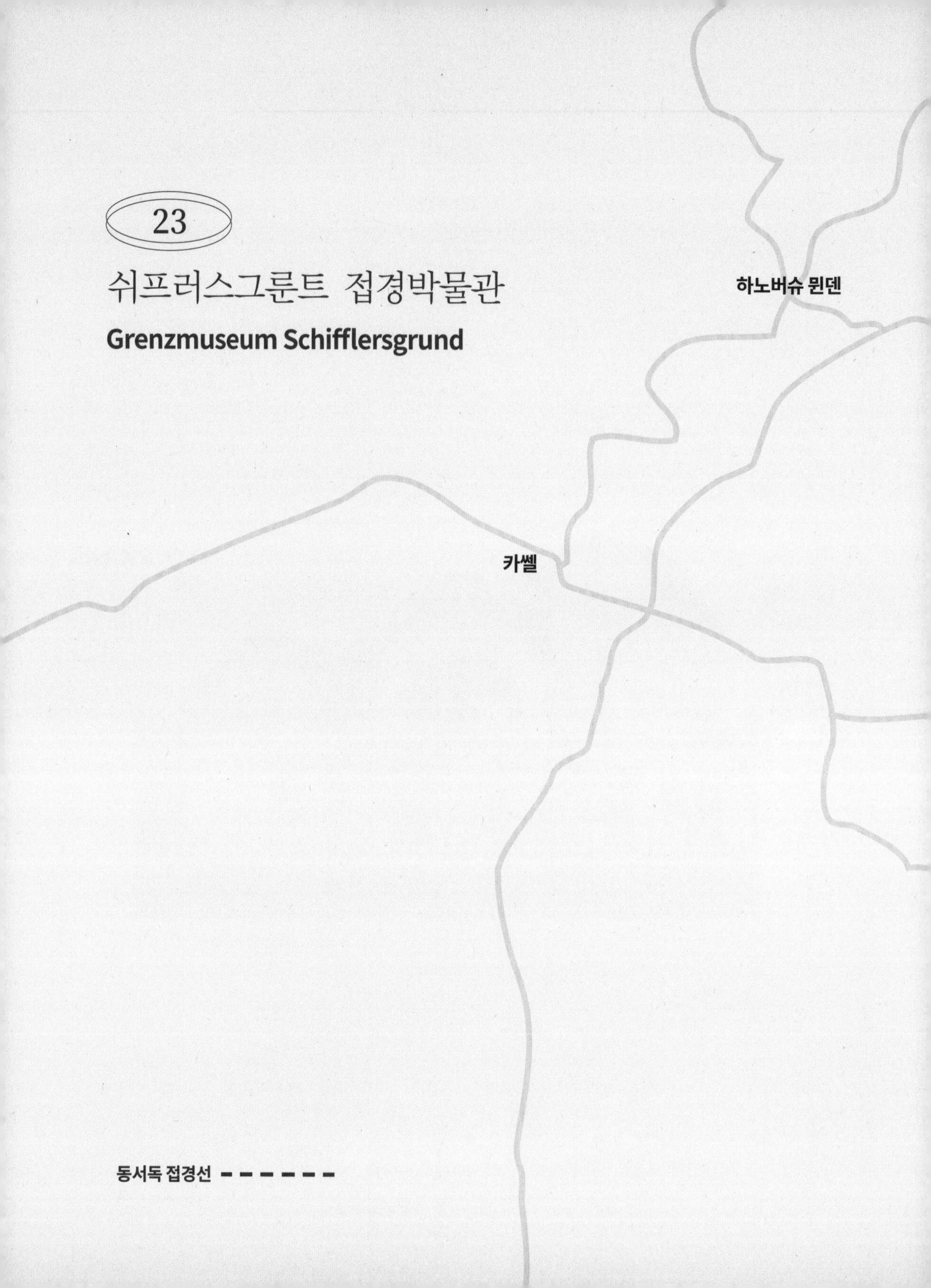

하노버슈 뮌덴

카쎌

동서독 접경선 ------

 # 철조망은 넘었으나 이루지 못한 꿈

1991년 10월 3일, 통일 다음 해에 개장한 쉬프러스그룬트 접경박물관은 서독의 헤쎈주(Hessen)와 동독의 튀링겐주 사이 접경선에 만들어진 최초의 접경박물관이다. 쉬프러스그룬트 접경박물관에 도착했을 때 가장 먼저 눈에 띈 건 야트막한 능선 위로 길게 뻗은 철조망과 장벽이었다. 필자가 DMZ 철책 근무를 할 때 봤던 낯익은 풍경이었다. 하지만 이곳의 철조망에는 자유를 찾아 목숨 걸고 탈출한 한 사람의 사연이 배어 있다.

"저 담 너머는 서독이다."

서독이라는 말은 당시에 '자유'와 동의어였으나 닿을 수 없는 곳이었다. 자유는 너무도 가깝고도 먼 길이었다. 그 자유를 찾아 많은 사람이 탈출을 시도했다. 많은 이들이 성공했지만, 그러나 또 많은 이들은 그 자리에서 죽어갔다. 박물관에는 동독이 하달했던 발포 명령에 관한 공식적인 서한도 전시되어 있다. 그 서한에는 "동독을 탈출하는 자를 '말살'(vernichten)하는 것이 동독 국경수비대의 의무"라고 묘사되어 있다.

박물관은 다양한 탈출 형태를 소개하고 있다. 그중에서도 하인쯔-요셉 그로쎄(Heinz-Josef Große)가 탈출에 사용했던 굴삭기와 동독 국경수비대의 순찰용 헬리콥터는 단순한 전시가 아니라 비록 낡아 보이지만 지금도 사용할 수 있을 정도로 정비되고 있다.

하인쯔-요셉 그로쎄(Heinz-Josef Große)의 운명

　그로쎄는 동독을 탈출해 서독으로 가려는 수많은 사람 가운데 성공하지 못했던 사람 중 한 명이었다. 그는 당시에 동독이 공식적으로 부인했던, 그러나 실제로는 존재했던 탈출자 사살 명령에 따라 희생되었다. 1982년 3월 29일, 굴삭기 작업기사로 활동했던 그는 굴삭기의 지게 부분을 뻗쳐 철조망에 걸치고 그 위를 타고 탈출하려고 했다. 가까스로 철조망은 넘었으나 서독지역으로 언덕을 오르다 2명의 국경수비대에 발각되었고 현장에서 사살당했다. 당시 사용되었던 굴삭기가 그대로 전시되어 있다.

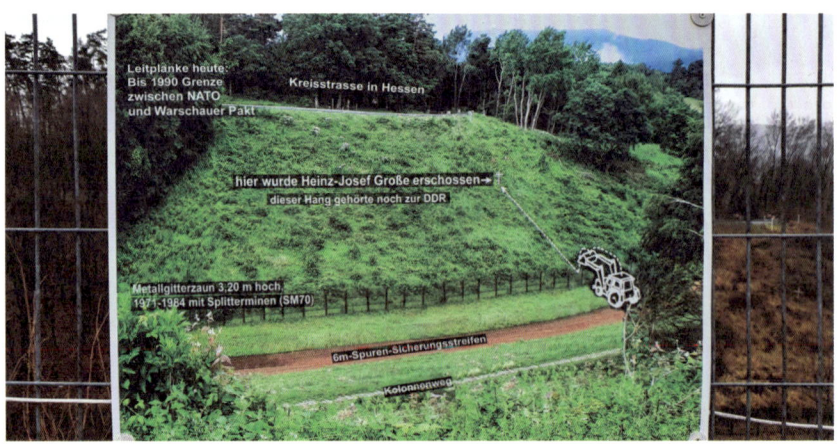

사진은 그로쎄의 탈주 상황을 보여준다. 아래쪽에 순찰도로인 코론넨벡이 있고 다음이 6m 폭의 발자국탐지구역, 그다음이 3.2m 높이의 철조망장벽이다. 그로쎄가 장벽을 넘어 올라가다 총격을 받은 경사면은 아직 동독지역이다. 동서독의 경계선, 나토군과 바르샤바조약군 간의 대치선은 사진 위 도로길이고 헤쎈주이다.

왼쪽 사진이 그로쎄의 모습과 당시 상황이다.
오른쪽은 현재 박물관에 전시된 굴삭기고
관리를 잘해 지금도 움직일 수 있다고 한다.

십자가를 세운 자리로 가는 길

그로쎄가 사망한 자리에 십자가를 세웠다.
그 위 도로가 바로 '자유'의 땅인 서독이었다.

야외전시장 곳곳에는 동독 접경지역의 방어시설물이 전시되어 있는데, 강철로 된 철조망벽은 매우 촘촘하게 만들어졌을 뿐만 아니라 철조망 자체가 손가락이 닿으면 베일 정도로 날카롭게 날이 서 있다. 콘크리트감시탑과 벙커 그리고 당시 접경선을 순찰하고 지키던 차량, 탱크, 헬리콥터 등은 실물 그대로다. 소련제 MI-24형 헬리콥터와 레이더 시설은 이곳이 동서독 접경선만이 아니라 서독이 속했던 나토군과 동독이 속했던 바르샤바조약군이 첨예하게 대립했던 군사지역이었음을 잘 보여준다. 아래 사진은 서독접경수비대의 헬리콥터로 당시 이 지역을 순찰했다. 도로 위에 서독 접경수비병도 보인다. (오른쪽 위사진)

동독 트라비 경찰차다. 동서독으로 나뉘었어도 경찰차의 색은 흰색, 녹색으로 같았다.

당시 동독쪽 접경선을 순찰하고 지키던 소련과 동독의 군장비

탈출만 아니면 협력도 있었다.

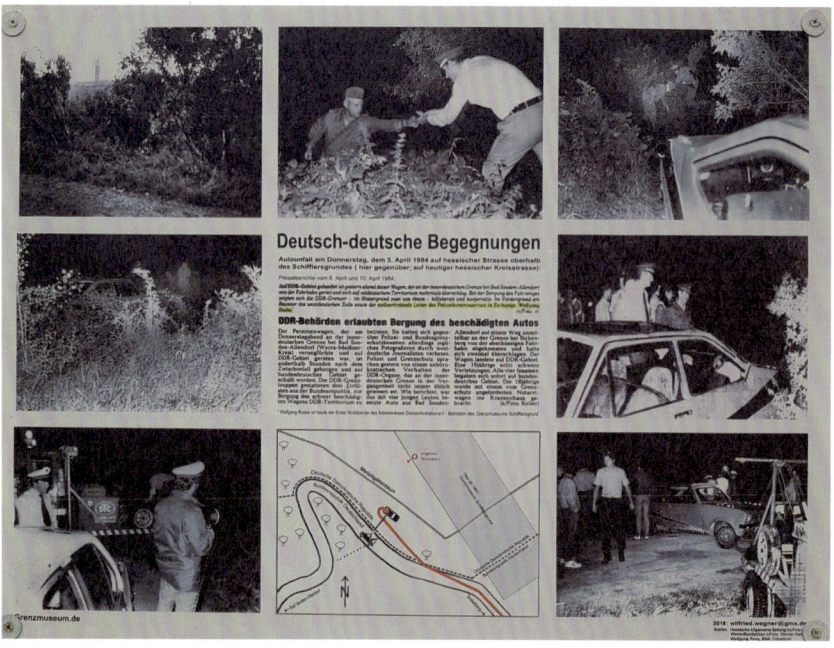

1984년 4월 5일 서독 청소년 4명이 탄 승용차가 접경박물관 인근 도로를 달리다 동독쪽 언덕 아래로 굴렀다. 동독의 협조로 서독의 구호반이 이들을 구조하기 위해 동독지역으로 들어갈 수 있었다. 사진 중앙 지도에 붉은 선이 도로를 탈선해 동독지역으로 들어간 상황을 보여준다. 도로 아래가 서독지역이다.

그뤼네스 반트

이곳이 그뤼네스 반트 내 아힉스펠트-하이니히-베라계곡(Eichsfeld-Hainich-Werratal) 자연공원에 속하며, 경관보호지역이란 표식이 서 있다.

박물관 입구 안내판은 4km에서 13.5km끼지 다양한 산책 코스를 소개한다.

실내전시물

국경 인정 요구

"평화와 안전, 독일과 유럽에 현존하는 국경에 대한 인정을 통해"라는 동독의 선전판이다. 동독은 서독과 별개의 새로운 독일국가임을 알리고 국제사회로부터 인정받고자 했다.

동독 국경선의 야경

동독 서부지역 국경선에서 탐조등이 환하게 켜있다. 무엇을 찾고 있을까?

당시 접경선을 지키던 동독 국경수비대의 모습

동독 화폐

1990년 7월 1일 동서독 간에 「화폐·경제·사회통합협정」이 발효되면서 동독화폐는 더이상 사용될 수 없었다.

하나의 독일

◀ 두 손이 독일민주공화국
(Deutsche Demokratische Republik),
즉 동독을 움켜쥐고 쓰러뜨리고 있다.

▼ 떨어졌던 양쪽이 3색 국기 아래 다시 한데 어우러졌다. 바닥에는 뽑혀버린 동독(DDR) 영토 표지석이 누워있다.

공간 속 통일 2

철조망과 벤치

죽음의 철조망 앞에 벤치가 있다. 왜 여기 놓았을까?

필립스탈 접경박물관
Grenzmuseum Philippstahl

> 더 둘러보기

　동서독이 분단되면서 인쇄공장으로 사용되었던 호쓰펠트(Hoßfeld) 건물은 갑자기 유명장소가 되었다. 바로 건물의 중간에 동독의 튀링겐주와 서독의 헤쎈주 간의 분단선이 지나갔기 때문이다.

　인쇄공장의 반은 동독, 반은 서독의 행정구역에 소속되었다. 1976년에야 비로소 동서독은 접경선 구획에 관한 합의를 이루어 건물 전체가 서독 헤쎈주로 이관되었다. 현재는 개인 소유로 방문하기 위해서는 사전 예약이 필요하다.

사진출처
http://www.welt-der-wappen.de/Heraldik/aktuell/photos-11/philippstal5.jpg

인근 접경하천인 베리강에 설치된 장벽이다. 동독 군인이 서독 관광객을 지켜보고 있다.

사진출처
https://image.jimcdn.com/app/cms/image/transf/dimension=960x10000:format=jpg/path/s6214cb7b71434af0/image/i562cf4be4716e644/version/1498814082/privatarchiv-clute-simon.jpg

반프리드 기록보관센터
Wanfrieder Dokumentationszentrum

하노버슈 뮌덴

카쎌

동서독 접경선 ------

 # 3천 점 이상의 서적과 기록물

    작은 성 형태의 목조건물에 입주한 반프리드 기록보관센터, 일명 '반프리드 고향박물관'(Heimatmuseum Wanfried)은 동서독 접경지역의 초기상황을 잘 보여주는 곳이다. 해체되지 않을 것처럼 보였던 접경지역의 방어시설물은 허물어졌고, 이제 그때의 기억을 위한 전시물로 변했다.

    박물관에 보관된 3천 점 이상의 서적과 기록물은 분단 독일의 정치, 사회, 경제적 상황을 보여주는 자료로 매우 의미가 있다. 역사적인「반프리드 협정」(Wanfrieder Abkommen) 관련 기록물도 전시되어 있다. 장벽에서 발생한 사건들에 관한 다양한 정보를 소장하고 있는데, 그중에서도 1989년 여름 동독 주민들의 헝가리로의 탈출로부터 시작해 동독체제 종식에 이르기까지의 상황을 보여주는 기록물은 값진 자료로 평가된다.

「반프리드 협정」(Wanfrieder Abkommen)

1945년 9월 17일 작은 마을인 반프리드(Wanfried)에 미군과 소련군 장교들이 들이닥쳐 「반프리드 협정」을 체결했다. 이 협정으로 당시 서쪽의 괴팅겐과 동쪽의 베브라를 오가는 철도통행을 둘러싼 갈등의 종지부를 찍었다.

이 철도는 미군 점령지로 가는 매우 중요한 노선이었다. 그런데 미군 점령지 헤쎈지역을 지나는 철도 노선이 약 4km에 걸쳐 소련점령지역인 튀링겐주를 통과했다. 열차에 가득찬 미군의 군수품을 이송하는데 문제가 없을 수 없었다. 쌍방 간에 영토 교환을 통해 철도노선이 튀링겐주를 거치지 않고 미군 점령지 헤쎈주를 달리도록 한 이 협정을 통해 문제는 해결되었다. 이러한 형태의 협정은 분단 기간 내 최초이자 마지막이었다.

왼쪽 줄무늬 지역이 소련군 점령지(주민 560명, 면적 845ha)에서 미군 점령지로, 오른쪽 줄무늬 지역이 미군 점령지(주민 429명, 면적 761ha)에서 소련군 점령지로 교환되었다. 검은 실선의 철도 노선이 이로써 헤쎈주만 통과하게 되었다.

지도출처
https://upload.wikimedia.org/wikipedia/commons/thumb/d/dc/Karte_Wanfrieder_Abkommen.png/1280px-Karte_Wanfrieder_Abkommen.png

「반프리드 협정」은 강대국인 미국과 소련 간에 이루어진 최초의 공식 협정으로, 「포츠담 협정」에 준하는 국제법적 성격을 띠었다. 그리고 미·소간 철도 노선에 관한 갈등은 2차 세계대전 이후 밀어닥친 냉전의 전주곡이었다.

하이너스도르프–베리취 접경기념물
Gedenkstätte Heinersdorf-Welitsch

> 더 둘러보기

　서독지역의 베리취(Welitsch)에서 1.7㎞ 떨어진 동독지역의 하이너스도르프(Heinersdorf) 사이에는 분단 기간 750m 길이의 콘크리트 장벽이 세워졌다. 그중에서 현재 약 30m 정도가 원형 그대로 보존되어 있다.

　장벽 앞에는 당시 동독에서 만든 차량방어 시설이 자리하고 있다. 접경감시소로 활용되었던 목조건물은 지금 기록보존소로 바뀌었다. 20세기 양 독일에 존재했던 독재체제(나치의 제3제국과 동독)를 비교한 전시물이 특징이다. 특히, 동독 국경수비대에 하달되었던 각종 명령서도 전시되어 있다.

베를린장벽이 1989년 11월 9일 무너졌음에도 이곳의 콘크리트장벽은 열리지 않았다. 동서독 주민들의 압력과 행동으로 1989년 11월 19일 이곳의 벽도 결국 무너졌다. 콘크리트장벽 앞에 이를 기리는 기념석이 세워졌다.

사진출처
http://www.rottenplaces.de/main/wp-content/uploads/2015/05/heinersdorf_mauerrest-696x466.jpg

베리취와 하이너스도르프의 경계이정표, 즉 과거 분단선 표지 아래 이곳이 그뤼네스 반트임을 알리고 있다.

사진출처
https://www.abendzeitung-muenchen.de/media.media.6a1e9281-30aa-4210-aa67-ab1778be0938.original1024.jpg

독일통일 10선

08 서독의 통일외교 2: NATO로의 통합

서독은 독일의 통일이 군사안보적 측면에서 전승 4국 어느 국가에게도 불리하게 재편되는 계기가 되어서는 안 된다는 우려를 전승 4국이 하고 있음을 잘 파악하고 있었다. 미국이 중심인 NATO와 소련이 중심인 WTO가 군사적으로 대립하고 있는 상황에서 서독은 통일독일이 NATO에 가입하되 NATO의 군사력은 동독지역에 진주하지 않아 동독지역에서 NATO군의 주둔과 작전권 행사는 없으리라는 입장을 견지하였다. 통일독일이 NATO 회원국이 됨으로써 미국의 이해를 충족시키는 동시에, 동부유럽으로 NATO 영역의 확충을 반대함으로써 소련의 안보정치적 우려를 불식시키고자 하는 '양면전략'이었다.

이와 더불어 서독은 미국과 NATO 회원국의 긴밀한 협조아래 "NATO가 소련을 더이상 적으로 간주하지 않는다"는 '평화선언'과 "어떠한 상황에서도 서방은 군사적 무력을 먼저 사용하지 않을 것이다"라는 원칙을 발표하여 유럽에서의 군사적 대결체제의 종식을 이끌었다. 서독은 또한 소련의 경제적 요구에 부응하기 위해서 30억 달러(약 50억 DM)의 대소 차관 제공을 결정하였으며, 소련을 포함한 동유럽에 대한 대규모 경제원조에 관한 원칙도 합의하였다.

소련의 정치·군사 및 경제적인 요구에 부응하는 조치를 이끈 서독은 1990년 7월 16일 독일은 통일 후 방어위주의 비핵주의를 근간으로 하는 병력 37만 명의 '군사 소국화' 정책을 추진할 것이며, 동독지역 내 외국군 주둔 및 서방측의 핵무기 및 생·화학 무기의 배치를 반대하고, 동독주둔 소련군은 1994년까지 철군하되 철수에 소요되는 모든 비용을 서독이 부담하겠다는 조건의 반대급부로서 첫째, 독일은 통일 이후에 완전한 주권을 가짐과 동시에 전승 4국의 권한은 소멸되며, 둘째, 독일이 자신의 군사동맹체 귀속 여부를 스스로 결정한다는데 소련과 합의를 이룰 수 있었다. 이로써 독일통일에 대한 군사·외교적 문제는 해결되었다.

1990년 9월 12일 전승 4국과 동서독, 6개국은 「독일에 관한 최종규정에 관한 협정」, 이른바 「2+4협정」에 서명하였다. 통일의 법적·정치적 외부적 틀이 완비된 것이다. 전승 4국이 보유하던 독일에 관한 특별권은 1990년 10월 3일 독일의 통일과 함께 소멸되었고, 독일은 완전한 민족자결권을 가진 주권국가로서 역사에 등장했다.

포인트알파 기념소
Mahn-, Gedenk- und Begegnungsstätte Point Alpha

동서독 접경선 ------

프랑크 푸르트

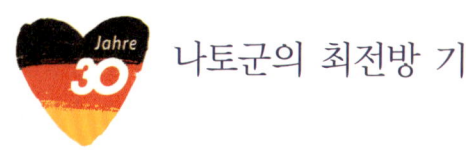 ## 나토군의 최전방 기지

포인트알파 기념소는 서독 헤쎈주와 동독 튀링겐주의 경계에 위치하며, 규모와 범위로 볼 때 가장 큰 분단역사의 교육 장소로 활용되고 있다. 이곳은 나토군의 최전방 기지로써 40년 동안 바르샤바조약군과 눈과 눈을 마주 보며 적대했던 장소다. 미·소 양 진영 갈등의 상징이 된 이곳은 당시 군사시설물을 생생히 보여준다.

포인트알파 기념소는 크게 포인트알파 미군 주둔지, 야외접경박물관, 실내박물관인 '접경선 위의 집'(Haus auf der Grenze)으로 구성되어 있다.

미군 최전방기지 포인트알파 입구, 뒤쪽에 미군 감시망루가, 왼쪽에 동독 접경철조망장벽이 보인다.

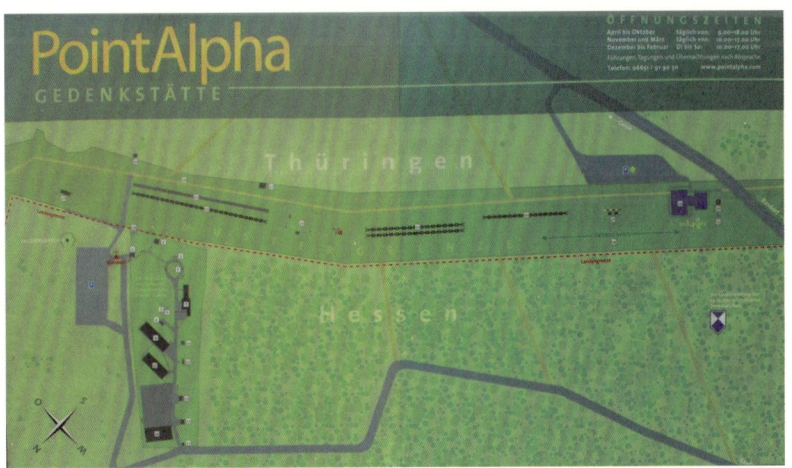

포인프알파 기념소의 배치도로 붉은 점선이 분단선이다. 좌측이 미군 주둔지 포인트알파, 동독의 접경지역 방어시설을 따라 만든 '희망의 길'(Weg der Hoffnung), 우측 푸른색 사각형이 동독군 순찰로 코론넨벡 위에 세워진 '접경선 위의 집'이다.

포인트알파 내 감시망루와 그곳에서 바라본 미군부대 및 동독쪽 전경.

포인트알파 주둔지는 1989년까지 미군이 유럽지역에서 운영했던 가장 중요한 최전방기지 중 하나로, 냉전 기간 내내 가장 첨예하게 대립했던 지역이다. 미군 주둔지를 이용하여 만들어진 전시관에는 나토와 바르샤바조약군의 군사적 대치상황을 자세하게 보여주고 있다.

이 지역은 이른바 '풀다갭'(Fulda Gap)에 속하는 지역이다. 풀다갭은 동독의 튀링겐으로부터 서독의 프랑크푸르트에 이르는 평야지대로서 바르샤바조약군이 탱크로 공격할 수 있는 주공노선이었다. 역사적으로 이 지역은 1813년 나폴레옹이 라이프찌히 전투에서 패한 후 탈주로로 선택했던 지역이기도 하다.

독일통일과 유럽의 자유와 평화에 기여한 공로로 통일 당시 미국, 소련, 독일의 세 수반에게 2005년 통일 15주년을 맞아 이곳에서 '포인트알파상'(Point Alpha Preis)이 수여되었던 상황을 보여준다.

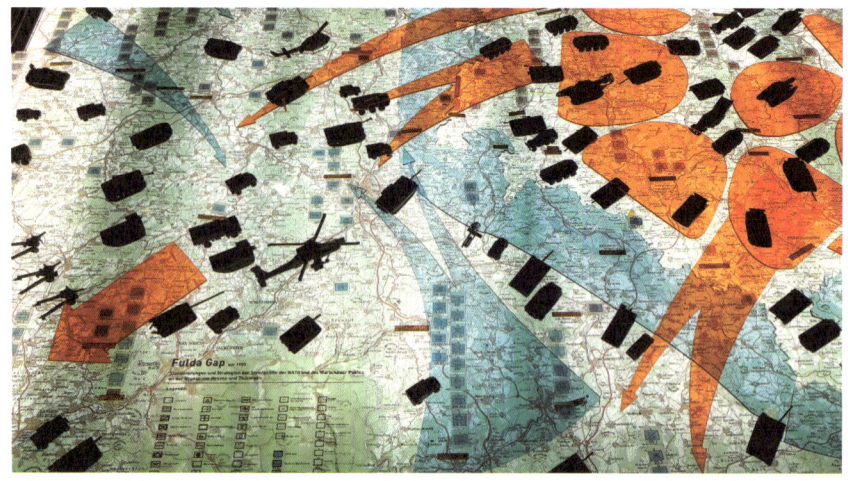

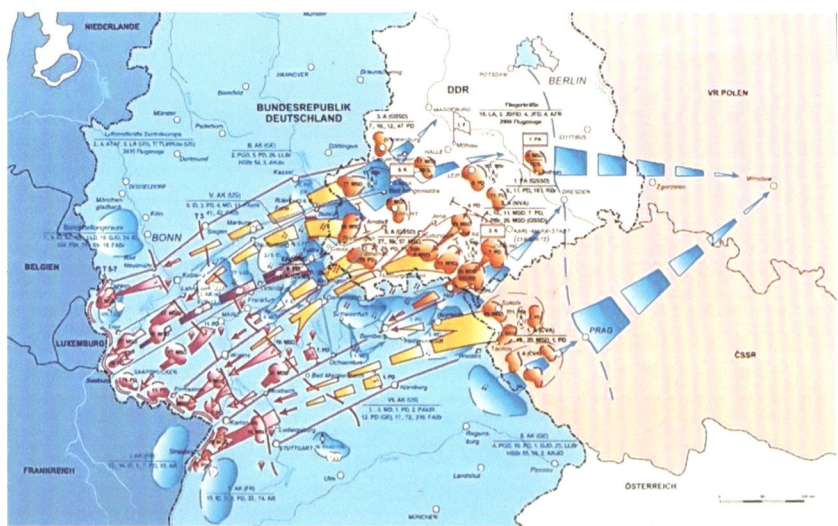

위 사진은 풀다갭에서의 1980년대 미군 작전도다.
주황색으로 표시된 부분은 바르샤바조약군의 예상 침공노선이며, 검은색은 양군의 배치도.
아래 사진은 바르샤바조약군이 전쟁을 시작했을 때 나토군의 공격계획이다.

'희망의 길'이라 불리는 코론넨벡은 '접경선 위의 집'과 포인트 알파 미군 주둔지를 이어준다.

자작나무 십자가

미군주둔지 포인트알파 바로 앞에 서 있는 자작나무십자가,
뒤쪽으로 동독 국경표식지주와 철조망장벽이 보인다.

    1975년 12월 24일 크리스마스이브 밤, 포인트알파 건너편 동독 접경 철조망에서 두 명의 젊은 청년이 탈출을 시도했다. 불행하게도 자동발사 상치가 불을 뿜었고, 한 명은 피를 흘리며 쓰러지고 한 명은 도망쳤다. 미군이 감시망루에서 이를 지켜보고 있었으나, 동독지역에서 벌어진 일이라 어찌할 도리가 없었다.
    서독접경수비대는 1976년 1월 12일, 18세 그 청년이 총격을 받은 날 과다출혈로 숨졌다고 알렸다. 서독 주민들은 비극이 일어났던 장소 건너편 서독지역, 포인트알파 앞에 '자작나무십자가'(Birkenkreuz)를 세우고 그의 넋을 달랬다. 이후 자작나무십자가는 성공하지 못한 동독탈출자가 숨진 자리마다 세워졌다.

그런데 통일 이후 그날의 일이 새롭게 밝혀졌다. 그 청년은 두 다리를 잃었으나 죽지 않았고, 상처가 회복되자 탈출을 시도한 죄로 감옥에 갇혔다. 이후 다시는 접경지역에 살지 못하게 되었고, 도망쳤던 친구도 잡혀 투옥되었다고 한다. 이러한 내용은 살아남아 통일의 감격을 맛본 당사자 B.F.가 직접 언론에 밝힌 것이다.

죽었다 살아난 자신의 삶을 인터뷰하는 B.F.와 그의 탈출사를 소개하는 안내판이다.

접경선 위의 집

'접경선 위의 집' 전경

'접경선 위의 집'은 무엇보다 건물 내부로 코론넨벡이 지나는 것으로 유명하다. 코론넨벡이 지나가는 길 바로 위에 박물관을 지은 것이다. 죽음의 띠를 바라보는 것이 아니라 죽음의 띠 위에서 당시 현장을 체험하게 된다.

1층에는 당시 동독 주둔군의 전개상황, 그들의 일상, 관련 기록물과 사진이 전시되어 있다. 이를 통해 당시 냉전 상황에서 동서독뿐만 아니라 세계 최강대국인 미·소의 갈등 상황을 여실히 느낄 수 있다.

　또한 '자유'(Freiheit)라는 주제로 동독 내에서 이루어진 비폭력투쟁, 특히 1989년 동독에서 일어난 평화적 혁명을 멀티미디어 영상물을 통해 재현하고 있다. 건물 2층에는 이 지역을 포함하는 그뤼네스 반트의 현황과 지역의 생물다양성을 소개하고 있다.

'접경선 위의 집' 2층에 마련된 지역 그뤼네스 반트 현황 전시실이다.

<접경선 위의 집>에 설치된 두 개의 상징물

첫번째 상징물 : 원탁

'접경선 위의 집' 옆에는 의미가 큰 두 개의 상징물이 있다.
하나는 '원탁'(Run der Tisch)이라는 콘크리트로 만든 둥근 탁자다. 베를린장벽이 붕괴된 직후 동독에서는 체제 변화를 요구하는 주요 시민단체들이 둥근 탁자에 함께 앉아 향후 정국을 논의했다. 임시정부의 역할을 한 것이다.

둥근 탁자회의가 통일에 기여한 것을 기념하기 위해 철거된 동독 접경장벽에서 나온 콘크리트를 활용하여 만들었다. 둥근 탁자에는 "독일 조국을 위한 통일, 정의, 자유"가 새겨져 있다. 의자 수는 16개로 평화와 자유 속에 번영하는 통일독일의 16개 연방주를 의미한다. 의자마다 주 이름이 새겨져 있다. 1953년 6월 17일 동독에서 공산화에 반대하는 대규모 항쟁이 일어났던 50주년인 2003년 6월 17일 제막식을 했다.

통일, 정의, 자유를 상징하는 원탁 조형물이다.

'평화의 바람개비'가 돌면서 평화의 바람이 번져나가고 있다.

두번째 상징물 : 평화의 바람개비

다른 하나는 '평화의 바람개비'(Spirale des Friedens)다. 40년 동안 이곳은 냉전으로 인해 독일이 분단되었고, 미국과 소련의 군사동맹체가 부딪쳤다. 변화의 바람이 몰아쳐 국민이 원하는 대로, 평화적으로 다시 함께하게 되었다. 평화를 뜻하는 'Peace', 'Frieden', 'Мир'가 각각 새겨진 세 날개의 바람개비는 변화의 동력, 평화로운 세계에서 비전과 유토피아를 위한 역동적 에너지를 상징하고 있다.

이렇게 가까이

동독 국경수비대가 접경철조망 장벽을 나와서 포인트알파 미군기지 바로 앞에서 순찰하고 있다. 우측 아래에 미군 철조망벽이 보인다(윗 사진). 아래 그림은 손이 닿을 듯한 거리에서 대치했던 냉전의 상황을 보여준다. 자작나무십자가도 보인다.

동독경찰포고문

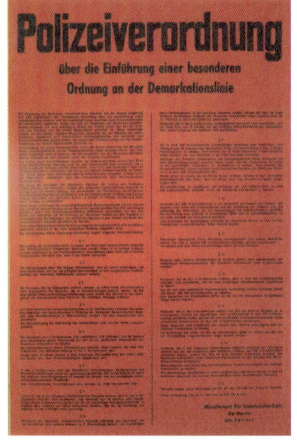

동독 국가안보성 장관의 명의로 1952년 5월 27일 새벽 0시 1분부터 효력이 발생한다고 한 경찰포고문이다. 1조에 분단선 동독쪽 지역에 10m 폭의 통제지대, 약 500m 폭의 보호지대, 약 5㎞ 폭의 차단지역을 설치한다고 규정되어 있다. 4조에는 10m 통제지대를 침범하여 동독으로 오거나 혹은 서독으로 가는 사람은 체포되며, 불응 시 무기사용이 허용된다고 했다.

이주자 및 탈출자

1961년에서 1970년 사이에 서독으로 온 동독 이주자 및 탈출자 현황으로 총 436,665명에 달한다.

1971년부터 1990년까지 그 수는 928,631명으로 증가했다.

적외선탈출방지

동독은 탈출을 방지하기 위해 적외선촬영장비도 시험하였다. 그러나 경제적 문제와 만족하지 못한 성능으로 인해 사업이 중단되었다.

사살 명령   지뢰 지도

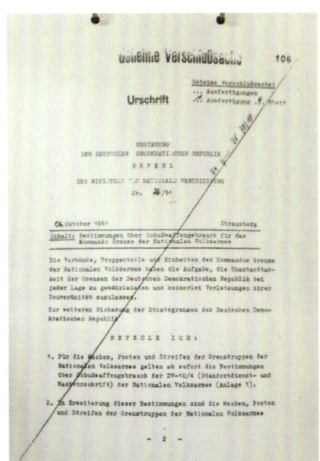

◀◀ 동독 국방성이 1961년 10월 6일 하달한 사살명령서다. 동독 국경선으로 침범하거나, 국경선을 넘어 서독으로 탈출하는 사람이 체포에 불응하거나, 무기로 대항하거나, 무기를 버리지 않을 경우 사살해도 좋다는 비밀문건이다.

◀ 동서독 접경지역에 부설된 지뢰지대를 보여준다.

바르샤바 조약기구

미국을 중심으로 한 서방 군사동맹체인 북대서양조약기구, 즉 나토(1949년 창설)에 대항하기 위해 소련이 위성 국가인 동독, 불가리아, 체코슬로바키아, 헝가리, 폴란드, 루마니아와 상호 방위기구인 바르샤바조약기구를 1955년 만들었다. 동 기구는 소련의 해체와 함께 1991년 사라졌다. 바르샤바조약군이 '계급형제'(Klassenbrüder), '무기형제'(Waffenbrüder)로서 단결을 선전하고 있다.

하천 장애물

하천에는 갈퀴모양의 장애물을 만들어 탈출을 방지했다.

독일'민주'공화국

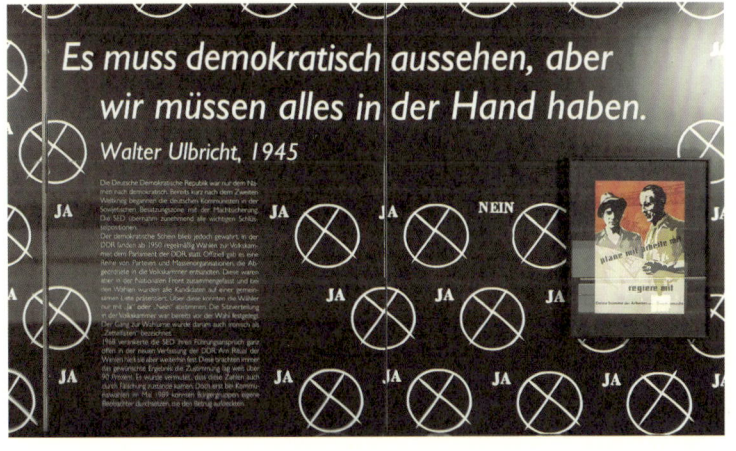

동독의 정식 명칭은 독일민주공화국이나, 이름만 민주국가였다. 1945년 발터 울브리히트(Walter Ulbricht)는 전쟁이 끝나자마자 소련군 점령 당시의 동독지역에서 "민주적으로 보여져야만 한다. 그러나 우리는 모든 것을 손 안에 쥐어야 한다"고 주장했고, 곧 그는 동독공산당 서기장이 되었다.

누가 또 당하려나

자유를 향한 열망

자유를 향한 열망은 철조망을 넘기 위한 다양한 방안을 생각하게 했다.

접경선이 열린 날이다. 무언가 바삐 돌아가고 있다는 것을 보여주려는 듯이 밀리 헬리콥터가 날고 있다.

"정지, 여기가 경계선"이란 표지를 넘어 동독주민들이 트라비를 타고 서독으로 오고 있다. 권총을 찬 서독접경수비대원은 주머니에 손을 넣은 채 이들을 맞고 있다. 동독쪽을 구경하려는 서독인들을 제모를 쓴 동독국경수비대원이 간단히 검문을 하고 있다. 아직 통일이 아니다.

공간 속 통일 1

접경선 벤치 앞에 앉아 동독지역을 바라보는 노부부의 애환이 자연과 함께 회복되는 중이다.

공간 속 통일 2

동독의 지하벙커에서 포인트알파의 감시망루가 한눈에 보인다. 유효사거리 내다.

26

독–독 야외박물관
Deutsch-deutsches Freilandmuseum

동서독 접경선 -------

프랑크 푸르트

 ## 관광버스로 둘러보는 탐방로

　독-독 야외박물관은 서독 바이에른(Bayern)주 라퍼스하우젠(Rappers-hausen)과 동독 튀링겐주 베룽겐(Behrungen)의 접경지역에 위치하고 있다. 라퍼스하우젠에 위치한 동서독 '접경정보교환소'(Grenzinformationsstelle)와 베룽겐 등에 자리한 동독의 감시탑을 포함하는 접경시설물로 구성된다.

　현재는 세 개의 방문코스로 나누어 관광버스를 이용한 탐방이 가능하다. 서독 라퍼스하우젠에 있는 접경정보교환소와 감시탑, 동독 튀링겐주의 베룽겐과 곰페르츠하우젠(Gompertshausen)에 있는 콘크리트감시탑을 포함한 접경시설물을 다 둘러보는 데 3~4시간이 소요된다.

독-독 야외박물관 전체를 소개하는 안내판이다.

서독 바이에른 라퍼스하우젠 접경정보교환소

바이에른주 접경지역 벌판에 홀로 우뚝 서 있는 접경정보교환소는 1970년대에 건립되었다. 서독 접경수비대, 바이에른주 접경경찰, 세관원이 근무했고, 여기서 수많은 사람이 접경지역 관련 자료를 얻고 현황을 생생하게 체험했다. 바이에른주 탐방의 출발이 여기서 시작된다.

서독 라퍼스하우젠에 있는 접경정보교환소와 감시탑 전경

뢴(Rhön) 자연공원에 속한 접경정보교환소 주변의 산책길을 소개한다.

동독 튀링겐주 베룽겐(Behrungen)의 접경시설물

　동독 베룽겐의 접경시설물로 가는 코론넨벡에 이곳이 독-독 야외박물관으로써 독일 분단의 기념소임과 동시에 유럽의 기념소임을 알리는 표지판이 있다. 이곳은 한 가족이 2,000 시간 이상을 자발적으로 헌신하여 조성하면서 부분 공개를 한 후 2003년 6월 22일 전체를 개방하였다.

콘크리트감시탑 앞의 안내문은 문화유산, 고고학적 유산, 자연보호지역이자 특히 박쥐 보호지임을 알리고 있다.

자연 및 환경유산을 지역임을 알리는 표지(오른쪽) 밑에 이곳이 사유지임을 환기하고 있다.

베룽겐에서는 1990년부터 접경지역 동식물의 보호를 시작했다며 주요 서식 생물다양성을 소개하고 있다.

감시탑 벽면에 건물이 문화재이자 자연 및 환경유산이며 박쥐 보호를 알리는 표지가 붙어 있다.

철조망장벽 앞에는 동독의 접경방어시설물들이 고고학적 토지유산, 문화유산으로서 국가적으로 보호되고 있음을 알리는 안내문이 서있다.

2001년 3월 10일, 여기서 10살 아이가 지뢰를 발견했다면서 주의를 환기하는 안내석이다.

▲▲ 바이에른 쪽에서 바라본 동독 접경 시설물이다.
▲ 바이에른 쪽에는 라퍼스하우젠 접경 정보교환소로 가는 '자연탐방로'(Natur-lehrweg)를 안내하고 있다.
▶도로 옆으로 당시 철조망과 시설물이 자연과 함께 전시되어 있다.

분단은 물길조차 제대로 흐르지 못하게 했다. 그래도 여기는 다른 곳보다 폭이 넓은 편이다.

이끼의 포옹

    결코, 흔들림 없이 견고하게 그 자리를 버틸 것 같았던 접경시설물도 자연 앞에서 위세가 꺾였다. 비가 오고 햇살이 들고, 녹색의 푸르름이 회색 콘크리트를 안아주는 듯 하다.

떨어지는 국경

동독의 영토임을 알리는 국경표식지주가 벌판 한가운데 덩그러니 서 있다. 분단의 세월을 넘고 통일의 시간이 흐르며 강렬했던 검정, 빨강, 노랑도 바래고 떨어졌다. 이름 모를 꽃들과 어우러져 자연의 색으로 물들어 간다.

> 더 둘러보기

한때 이곳이 경계였음을, 그 기억속에 묻힌 숱한 사람들의 아픔이 있었음을 그들은 또렷이 기억한다. 그리고 그 기억들은 이제 일상이 되었다. 죽음의 띠는 무심히 거니는 산책로가 되었고, 국경표식지주는 길가에 세워진 또 하나의 디자인이다. 통일된 그들에게 분단은 잊힌 과거가 아닌, 지금 여기를 살아가는 또 다른 현재다.

불탄 다리 접경기념소
Grenzdenkmal Gebrannte Brücke

> 더 둘러보기

　불탄 다리는 독일분단의 상징적인 장소로 손꼽힌다. 다리는 이미 중세 시대에 불타버리고 이름만 남은 이곳은 서독 바이에른주 노이슈타트(Neustadt)와 동독 튀링겐주의 존네베르크(Sonneberg)를 연결하는 접경지점이었다. 전쟁 후에는 미·소 점령군 사이의 통과지점이기도 했다.

　이곳의 이름을 크게 알린 것은 역사적 사건 때문이다. 불탄 다리에서 멀지 않은 곳에서 1947년 7월 31일 서독의 노이슈타트와 동독의 존네베르크 대표팀 간 친선 축구시합이 벌어졌다. 경기 도중에 선수들과 수많은 동독 관중들이 서독의 노이슈타트로 향하는 접경선을 넘어 탈출함으로써 더이상 경기는 이루어질 수 없었다. 그들이 염원했던 통일은 41년이 지난 후에야 실현되었다. 베를린장벽 붕괴 3일 후인 1989년 11월 12일 불탄 다리의 경계선은 개방되었고, 각종 방어시설은 철거되었다.

1947년 친선 축구시합의 당시의 기념사진으로 "우리는 독일 통일을 원한다"(왼쪽 사진)에 "우리도 그렇다"(오른쪽 사진)라고 화답하는 현수막을 들고 있다. 직후 서독행 탈출로 인해 경기는 난장판이 되었다.

사진출처
http://www.lkson.de/gbw/bilder/08_fussball.jpg

1989년 11월 12일 불탄 다리에 수많은 동서독 주민들이 함께했다.

사진출처
http://www.lkson.de/gbw/bilder/08_grenzoeffnung_gebrannte_bruecke.jpg

존네베르크 인근 튀링겐주 괴르스도르프(Görsdorf)의 1984년과 2010년의 모습을 비교한 것이다.

1984

그뤼네스 반트

2010

사진출처
https://cdn.mdr.de/zeitreise/stoebern/damals/bild311452-resimage_v-variantBig1xN_w-1856.jpg?version=23211

27
프롭스첼라 동독 접경기차역 박물관
DDR-Grenzbahnhof Museum Probstzella

DDR-Grenzbahnhof Museum Probstzella
27

동서독 접경선 ------
체코와 국경선 ──────

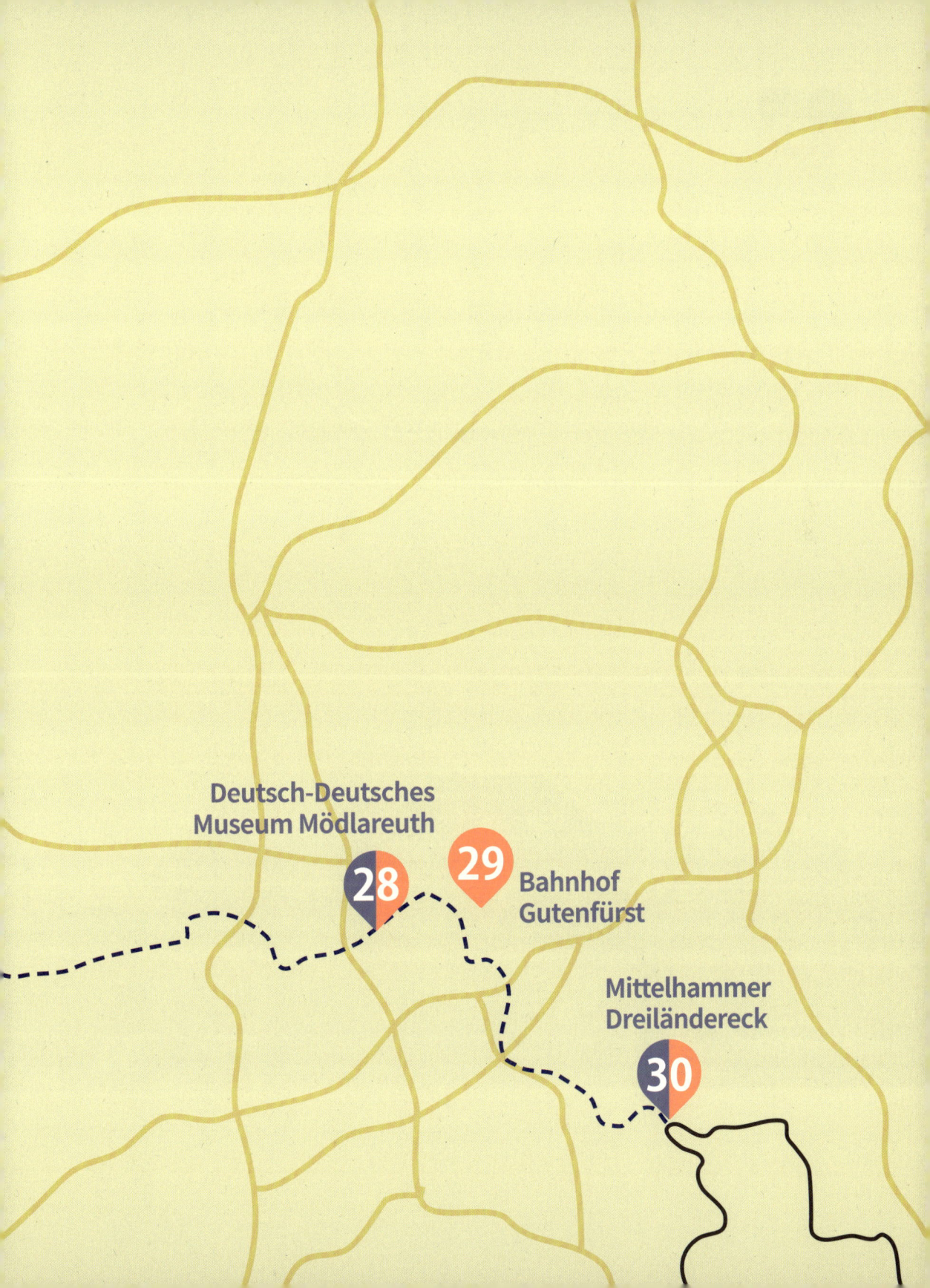

 ## 장벽으로 막힌 눈물의 플랫폼

    동독 튀링겐주 프롭스첼라(Probstzella)에 소재한 이 기차역은 1885년에 건립되었고, 베를린과 뮌헨을 오가는 철도노선의 중간 정도에 있었다. 1952년부터 서독 바이에른주 루드비히슈타트(Ludwigsstadt)를 마주보는 접경정거장으로 활용되어, 약 2천만 명의 여행객들이 이곳에서 여권과 세관심사를 받았다.

역사 내에는 통제실, 대기실, 여권심사실이 있다. 심사를 통과한 사람은 통과실(Gehendürfen)로, 그렇지 못한 사람은 대기실(Bleibenmüssen)로 들어서야만 했다. 당시 동독이 여행의 자유를 어떻게 통제하고 억압했는가에 대한 자료를 한눈에 볼 수 있다. 프롭스첼라역을 거쳐 성공했거나 좌절한 탈출시도와 관련한 자료도 전시되고 있다.

역사 벽에 프롭스첼라박물관을 소개하는 안내문이 붙어있다.

박물관 내부, 벽에 '철조망과 지뢰밭'이란 역사적 기록영상물이 판매되고 있음을 알리고 있다.

정거장 맞은편에는 당시 호텔이었던 '인민의 집'(Haus des Volkes)을 개조하여 호텔 겸 전시장으로 이용하고 있다. "죽음의 지대에서 그뤼네스 반트"(Vom Todesstreifen zum Grünen Band)라는 주제로 전시회를 개최하고 있다.

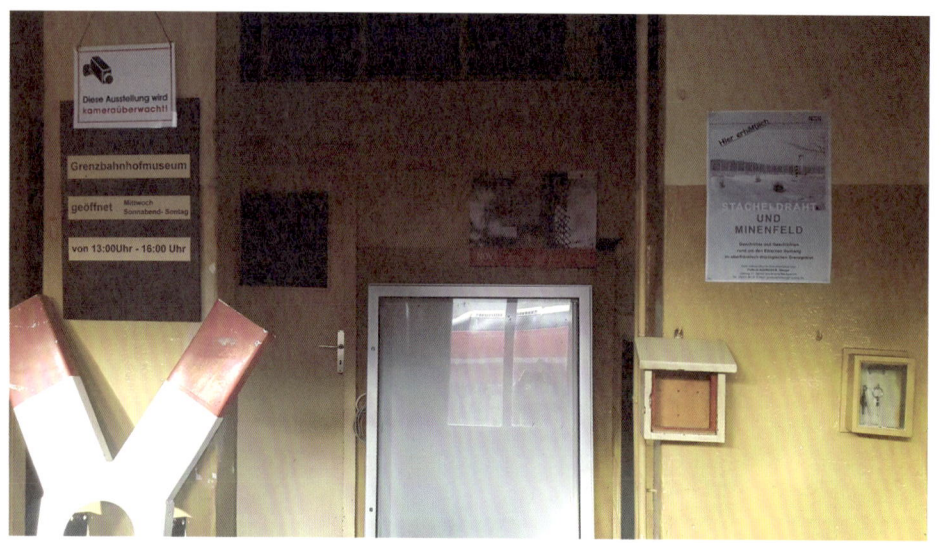

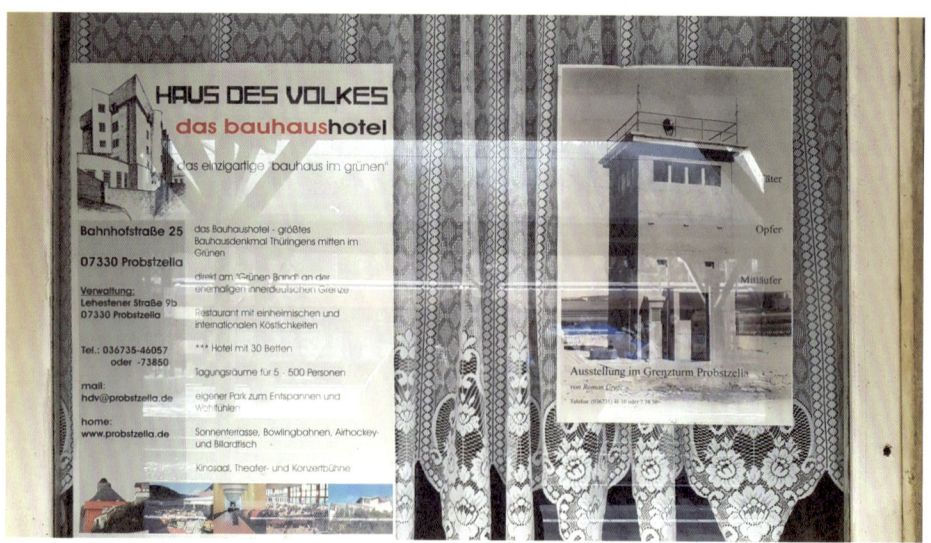

'인민의 집'에 붙어있는 안내문에는 건물이 그뤼네스 반트 내에 있는 이색적인 호텔로서 튀링겐주 건축유산이라 자랑하고 있고, 인근 프롭스첼라 감시탑에서 "가해자, 피해자, 가담자"라는 주제로 전시회가 있음을 홍보하고 있다.

분단 시기에 프롭스첼라역의 플랫폼 중간에는 장벽이 설치되어 서독의 여행객들이나 승무원들이 동독지역을 보지 못하도록 했다.

출처
https://tse4.mm.bing.net/th?id=OIP.nYgTVKdLFSsSjwAnRS7-0gHaEq&pid=Api&P=0&w=260&h=164

프롭스첼라역의 현재 플랫폼 모습

지금은 폐허가 된 기관차 교체시설의 크기를 보면 접경통과역으로 활약할 당시 프롭스첼라 기차역의 규모를 짐작하게 한다. 망치와 발전기 돌아가는 소리가 다시 들릴 것인가?

동독 지역이었던 프롭스첼라 마을 전경

접경통제소 슈퍼마켓

프롭스첼라 접경통과기차역의 전 업무를 맡았던 접경통제소(Grenz-kontrollstelle)는 허물어지고, 그 자리에 대형쇼핑몰이 자리 잡았다. 분단 시기 바나나 한 줄, 파인애플 하나가 부와 특권의 상징이었다. 부족한 야채 사정으로 인해 공급이 가능한 채소로만 만든 "새롭고 건강한 동독식 조리법"을 선전해야 했던 시절은 이제 옛날이야기가 되었다.*

우측 건물이 지금은 사라진 접경통제소다.

사진출처
https://tse1.mm.bing.net/th?id=OIP.-rPKPiL58mOvpxbUxdxnPAAAAA&pid=Api&P=0&w=220&h=147

* 참조
송주은·이재상, "분단 시기 동독의 식문화와 특징," 『통일문제연구』 제31권 2호(2019), pp.103~134.

접경통제소 자리에 들어선 대형슈퍼마켓과 내부 모습이다.

노르드할벤 지역역사박물관
Historisches Ortsmuseum Nordhalben

더 둘러보기

　서독 바이에른주의 작은 마을인 노르드할벤(Nordhalben)은 철의 장막이 드리워지자 동독 튀링겐주와 접경지가 되었다. 이곳의 지역역사박물관에는 분단 상황의 소개 외에 만프레드 스몰카(Manfred Smolka, 1930~1962) 일가의 아픈 역사도 전하고 있다. 동독 국경경찰 중위로 근무했던 스몰카는 1958년 서독의 바이에른으로 탈출에 성공했다. 그러나 이듬해 스몰카는 남겨진 가족을 데려오기 위해 다시 동독에 들어갔고, 함께 탈주하던 도중 서독을 눈앞에 두고 부인과 딸이 동독 국가안보성 슈타지의 총격에 사살되었다. 그는 동독으로 끌려가 1960년 전시성 재판을 거쳐 당서기장 호네커와 국가안보성 총책의 밀케의 명령에 의해 '주민 교육용'으로 단두대에 처형되었다.

출처
http://www.nordhalben.de/typo3temp/pics/90de926e49.jpg

노르드할벤 박물관과 내부 전경

http://www.nordhalben.de/typo3temp/pics/03bdf023fe.jpg

스몰카 일가의 행복했던 시절

http://www.executedtoday.com/images/Manfred_Smolka_family.jpg

독일통일 10선

09 독일통일과 유럽통합

독일의 통일, 그것은 어떠한 정치적 수사에도 불구하고 독일과 관련된 모든 국가들에게는 새로운 도전이었다. 그리고 통일독일은 그것을 극복하고 새로운 모습으로, 특히 유럽통합으로 다가서야 함을 독일의 정치권은 잘 인식하고 있었다.

콜 총리는 통일 이튿날인 1990년 10월 4일 베를린의 제국의회 의사당에서 통일을 가능케 한 미·영·불·소 전승 4국에 사의를 표하는 한편 유럽통합을 중심으로 하는 통일독일 외교정책의 방향을 밝혔다. 그는 통일독일은 금세기 독일인이 자행한 범죄행위, 특히 유대인 학살행위를 결코 잊지 않음으로써 독일 역사의 어두운 면을 길이 기억하고, 이러한 과오를 되풀이하지 않을 것과 독일은 국력에 상응하는 국제적 책임을 완수할 것을 다짐하면서 외교정책 기조를 다음과 같이 천명하였다.

첫째, 독일은 인근 국가들과 우호·선린정책을 추구하며, 독자적·민족주의적 정책을 버리고 통합된 유럽의 일원으로서 세계평화를 추구한다.

둘째, 서구제국, 미국, 캐나다 등과의 동맹 및 유대관계를 존중하고 공동의 가치를 추구한다.

셋째, 독·불 간의 우호협력을 통해 유럽의 통합 및 평화체제 구축을 위한 견인차 역할을 수행한다.

넷째, CSCE가 유럽통합에 기본적으로 기여했음을 인정하고 동 기구의 상설기구화 등 발전을 추진한다.

다섯째, NATO와 WTO 간에 우호·동반자 관계 설정을 모색한다.

여섯째, 범 유럽적 책임이란 차원에서 독·소 우호협력 관계를 중시한다.

일곱째, 폴란드와의 항구적인 화해를 추구하고 헝가리와 체코슬로바키아의 개혁을 지원한다.

뫼드라로이트 독-독 박물관
Deutsch-Deutsches Museum Mödlareuth

동서독 접경선 ------
체코와 국경선 ———

DDR-Grenzbahnhof
Museum Probstzella

27

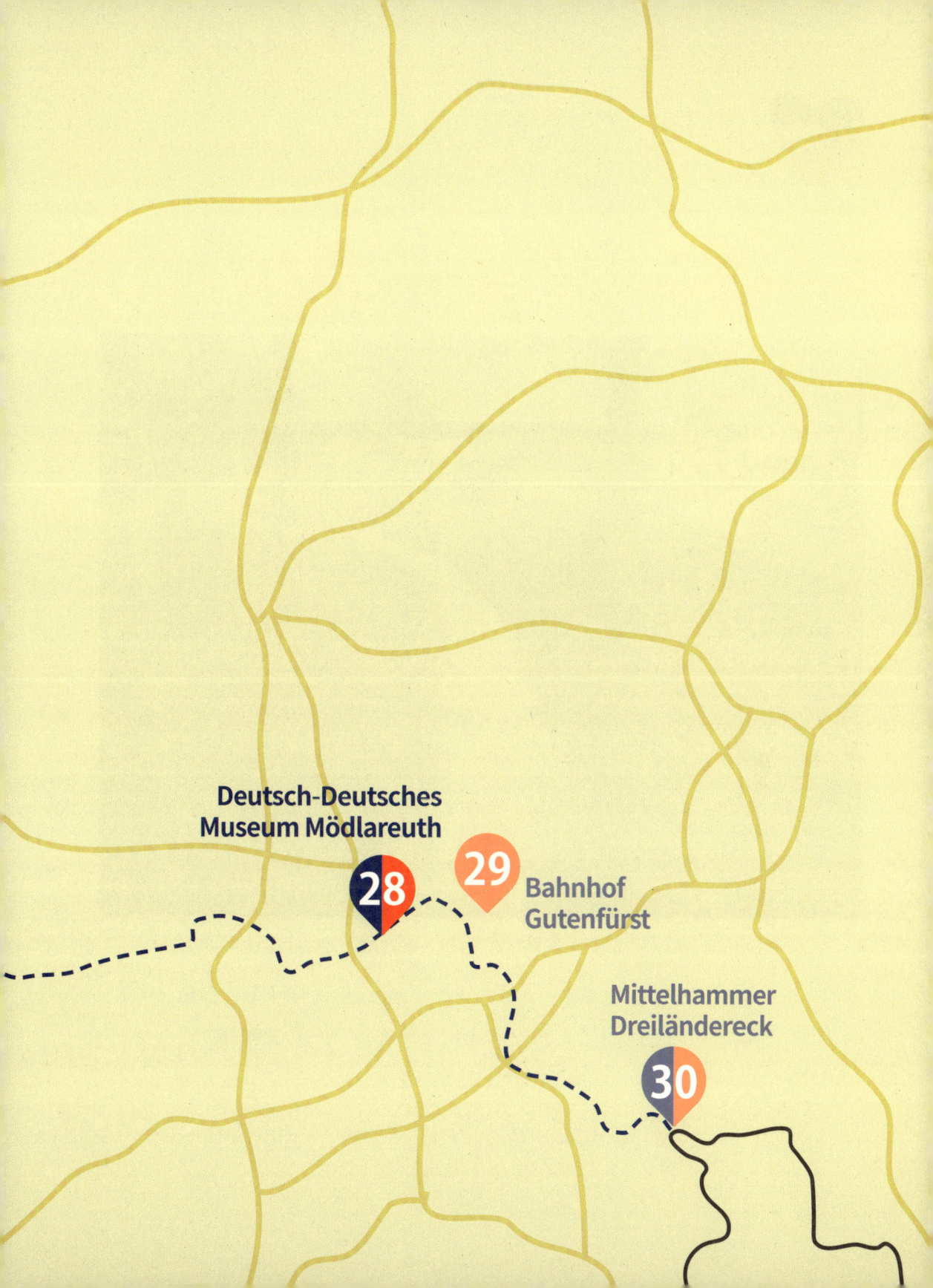

 # 실개천이 갈라놓은 분단 마을

40여 가구 밖에 안되는 작은 마을인 뫼드라로이트(Mödlareuth)는 한걸음에 뛰어넘을 수 있을 정도로 폭이 좁은 실개천 탄바하(Tannbach)를 사이에 두고 동서독으로 갈라졌다. '작은 베를린'(Little Berlin)으로 불렸던 이곳은 날벼락처럼 떨어진 분단의 가장 비참하고도 아픈 현실을 잘 보여준다.

뫼드라로이트 마을 입구, 왼쪽 멀리 접경선 앞으로 수학여행 온 학생들이 모여있다.

전쟁이 끝난 이후에도 마을에서는 통행증이 있으면 실개천을 건너 상대편 지역으로 통행할 수 있었다. 하지만 1952년 5월 26일 동독이 통과금지령을 발표하고 장벽을 세우면서 상황은 돌변했다. 마을은 두 동강 났다. 통과소도 없어 37년 동안 합법적인 방법으로는 상대편 지역으로 전혀 오갈 수 없었다. 작은 마을의 공동체생활은 완전히 사라졌다.

동독쪽에는 접근을 금지하는 장벽시설이 조성되었고, 10m 이내에 출입하는 자는 발포한다는 명령도 내려졌다. 동독은 경계선을 따라 폭 500m의 방어시설과 함께 5㎞에 이르는 접근금지 구역을 만들었다. 반대로 서독쪽에서는 동독쪽을 보려는 관광객들이 밀어닥쳤다. 담벼락 하나를 사이에 두고 바라만 볼 뿐이었다. 동독쪽에서는 서쪽으로 어떠한 인사를 건네는 것도 금지되었다. 심지어 윙크하는 것까지도 엄격히 제한되었다.

탄바하 실개천으로 갈린 동서독(위가 동독), 어린이도 뛰어넘을 수 있을 만큼 좁다.

1. 1948년 장벽이 세워지기 전 서로 오갈 수 있을 당시 탄바하 실개천을 서독쪽(미군 점령지)에서 본 모습
2. 1952년 나무울타리장벽이 세워진 후 서독쪽에서 동독지역을 보는 모습
3. 1962년 2중 철조망장벽이 세워진 모습
4. 1964년 콘크리트와 나무로 장벽이 세워지고 위에는 철제 장애물이 만들어진 모습
5. 1966년 700m 길이로 콘크리트장벽이 세워지는 모습
6. 1978년 분단이 일상화된 마을의 모습

사진출처

https://moedlareuth.de/museum/historische-fotos.html

베를린장벽이 붕괴되고 마침내 마을을 갈랐던 장벽도 열렸다. 그러나 통일에도 불구하고 이 작은 마을에는 통일 전과 마찬가지로 한쪽은 바이에른주, 한쪽은 튀링겐주라는 행정구역상 분단이 그대로 유지되고 있다.

뫼드라로이트 접경 실내 박물관

뫼드라로이트 박물관 조감도

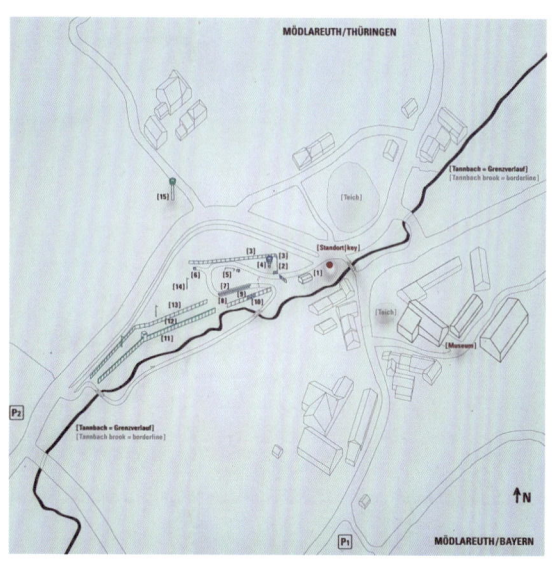

검은 실선이 분단선이었던 탄바하 실개천이다. 아래가 서독쪽 뫼드라로이트(바이에른주)로 우측에 현재 실내 접경 박물관이 있다. 윗부분이 동독쪽 뫼드라로이트(튀링겐주)로 야외에는 당시 접경방어시설물이 전시되어 있다.

뫼드라로이트 박물관은 독일분단의 역사를 종합적으로 보여주려는 목적으로 설립되었다. 당시의 장벽과 철조망 등의 시설뿐만 아니라 분단의 정치, 경제, 사회적 현상과 일상사 전반을 보여준다. 동독 공산 독재체제가 자행했던 폭력을 고발하고 기억하는 장소이자, 희생자들을 추념하는 곳이기도 하다. 2층에는 인근 접경도시들의 분단 전·후를 비교한 사진과, 서독으로의 탈출 관련 자료가 전시되어 있다.

탄바하 실개천을 경계로 700m 콘크리트 장벽이 세워져 분단되었던 이곳은 지금은 접경지역이 아니라 독일의 중심이 되었다는 안내판이 개천 바로 옆에 붙어있다.

2층 전시실 모습. 동독국민차 트라비가 콘크리트장벽을 뚫고 나오는 그림 주위로 인근 접경도시의 통일 전·후를 비교하고 있다.

마을 주변에는 약 4km에 걸쳐 접경선을 따라 산책로가 형성되어 있다. 박물관 뒤편 창고건물에는 분단 시 동서독이 이 지역에서 사용한 30여 대의 다양한 차량을 볼 수 있다.

1978년, 1989년 그리고 2020년, 건너편 동독집들은 변함이 없다.

사진출처

https://moedlareuth.de/museum/historische-fotos.html

야외전시장

콜총리 기념비

통일을 끌어냈던 헬무트 콜(Helmut Kohl, 재임기간 1982~1998) 총리에게 바쳐진 기념비가 실개천에서 동독마을을 바라보며 세워졌다.

콘크리트장벽의 윗부분을 둥글게 만든 것은 탈주자들이 갈고리를 걸지 못하게 하기 위해서였다.

일명 '우후'(Uhu)라 불렸던 '호출신고기'는 500m 폭의 보호지역 철조망 통문에 설치되었다. 동독 국경수비대를 돕는 자원봉사자들이 신고사항이 있을 때, 보호지역 내 농사를 위해 협동조합원들이 출입을 원할 때 사용했으며, 바로 접경수비대 지휘부로 연결되었다. 농사의 경우, 며칠 전에 사전 신고가 필요했다.

개천 중간이 경계선

콘크리트장벽 통문을 나와 동독군은 왼쪽 아래 사진과 같이 실개천까지 와서 순찰하였다. "조심, 개천 중간이 경계선"이라고 서독이 세운 표지판이 지금도 있다. 풍력발전기를 빼곤 당시 그대로의 서독 동네를 보며 동독군인은 무엇을 생각했을까?

물길도 막다

역시 장애물이 있었다. 분단 시절의 모습과 현재 막힘 없이 흐르고 있는 탄바하 실개천이다.

마침내 열렸다

마침내 문이 열렸다. 매일 8시에서 22시까지 마음껏 다닐 수 있다는 표지가 붙었지만, 곧 시간제한도 역사 속의 얘기가 되었다.

개장벽

▲ 또 하나의 장벽으로 1960년대에 군견이 투입되었다. 군견은 약 80m 길이, 높이 1.5m의 줄에 묶여 이동이 가동하도록 했다(윗 사진).

◀ 동독은 1980년대 중반 아예 철조망과 차단지역 사이에 수백m 길이의 통로를 만들어 군견이 자유롭게 뛰어다니도록 했다. 개장벽이 하나 더 생긴 셈이다.

▼ 동독 마을 뒤쪽으로 돌아가면 얕은 언덕 위에, 포문이 서독을 노러보는 소련제 탱크가 당시 모습 그대로 전시되어 있다.

과거와 현재

그림 속 마을의 실제 전경

독일통일 30년

예명이 Alexsandoro인 작가 프랑크 고루스(Frank Gorus)가 만든 "독일통일 30년"이란 작품이다. 세 개의 구성 부분은 각기 통일 10년을 뜻하고, 독일민족의 평화적 공존에 바탕이 되는 유럽연합의 상징을 중앙에 놓았다.

동쪽에서 본 뫼드라로이트 서쪽 마을

동독의 국가안보성이 촬영한 장벽에 갇힌 당시 서독쪽 뫼드라로이트와 현재의 모습이다.

서독의 감시오두막

서독의 접경수비대가 접경지역 감시에 사용한 오두막. 탁자와 겨울용 화로가 놓여 있었다. 주로 시야가 트인 언덕에 있었으며, 철통같았던 동독의 시설물과 대조가 된다.

점보

승용차를 이용한 탈출을 막기 위해 동독군이 도로에 설치한 강철차단기는 '점보'(Jumbo), '람보'(Rambo), '롤리'(Rolli), '강철 구스타프'(Eiserner Gustav)로 불리워졌다. 차단기 양 끝에 콘크리트 방벽을 만들어 우회를 차단했고, 굴릴 수 있어 기차길에도 사용되었다.

가죽공장

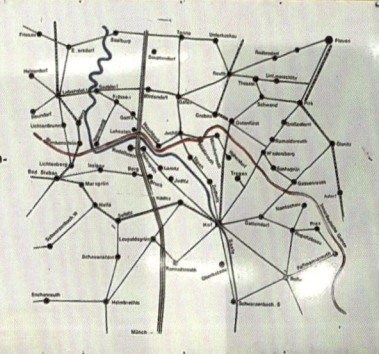

뫼드리로이트 좌측에 위치한 히르쉬베르크는 자알(Saale) 강변의 마을이있다. 그곳에는 1741년에 세워진 독일 최대의 가죽공장이 있었고, 한때 1,500명이 일했다. 동서독으로 분단 되면서 히르쉬베르크는 동독에 속하게 되고, 개인 기업이었던 공장이 국유화되었다. 이제 서독이 되어버린 지역에서 그쪽으로 건너가 일하던 공장 일부 약 1/3이 실업자가 되었고, 동쪽의 친척을 보지도 못하는 이산가족이 되었다. 당시 자알강 다리 앞에 서독은 "이 다리도 언젠가는 수백 년 동안 함께했던 이 지역을 다시 결합시킬 것이다. 자알강은 동쪽경계선도 서쪽경계선도 아니고, 우리에게는 독일의 중심을 항상 흐르는 강일뿐이다"라는 표지판을 세웠다. 지도의 붉은 선이 접경선, 푸른 선이 자알강이다.

서베를린 통행규정

서독에서 승용차로 동독지역으로 들어가 서베를린으로 가는 여행객들에게, 동독은 가는 도중에 어떠한 물건도 나누어 주지 말고, 누구도 만나지 말고, 동독의 규정을 지키라는 경고판을 도로에 세웠다.

탈출

차량을 이용해 탈출한 현장을 동독비밀경찰이 조사하고 있는 당시 사진이다. 탈출자가 착용했던 신발과 장갑이 전시되어 있다.

친척들이 보인다

서독 마을 쪽으로 향한 감시 창문으로 내려다보면 집안까지 훤히 들여다 보일정도다. 경계선을 넘으려는 자에 대해서는 가차 없이 방아쇠를 당기도록 훈련받은 동독경계병도 서독 마을에 이산가족이 분명히 있었을 것이다.

1988년에 촬영된 BT-11 감시탑의 2020년 모습이다.

감시탑에서 바라본 마을의 모습

동네 놀이터가 사라졌다

 작은 실개천에 발 담그고 도란도란 이야기꽃을 피웠을지도 모른다. 동네 꼬마 아이들이 모여 물장구를 튀기며 웃음꽃이 만발했을지도 모른다. 여름이면 물줄기는 더욱 세차게 흘렀을 것이며, 겨울에는 하얀 눈으로 덮인 얼음 위로 썰매를 지쳤을지도 모른다.

 북·중 국경 지역의 일보과(一步跨) 지역이 떠올랐다. 중국에서 불과 한 발자국 지척에 북한이 있는 곳이다. 그곳은 갈 수 없고, 디뎌서는 안 되는 발자국이지만, 탄바하 실개천은 다시 한동네의 놀이터가 되었다.

임무 전환

전기가 흐르는 겹겹의 철조망과 바리케이트, 접근금지를 알리는 경고판, 탈출자를 감시하기 위해 밤새 불을 밝혔을 조명탑… 역사 교재로 임무가 바뀌었다.

공간 속 통일 4

분단 현장 이해?

작은 실개천 하나를 사이에 둔 채 총부리를 40년간 겨누었다는 사실을 통일독일을 살아가는 아이들은 과연 이해할 수 있을까? 분단 75년이 지났고, 지금도 헤어진 시간은 흐른다. 언젠가 통일의 그날, 분단현장을 찾을 한반도의 아이들은 그 역사를 어떻게 받아들일까?

 그뤼네스 반트

그뤼네스 반트

동독쪽 뫼드라로이트 마을 중앙에는 작은 연못이 있다.
다양한 생물이 서식하며 보호받는 그뤼네스 반트임을 알리는 안내판이 서 있다.

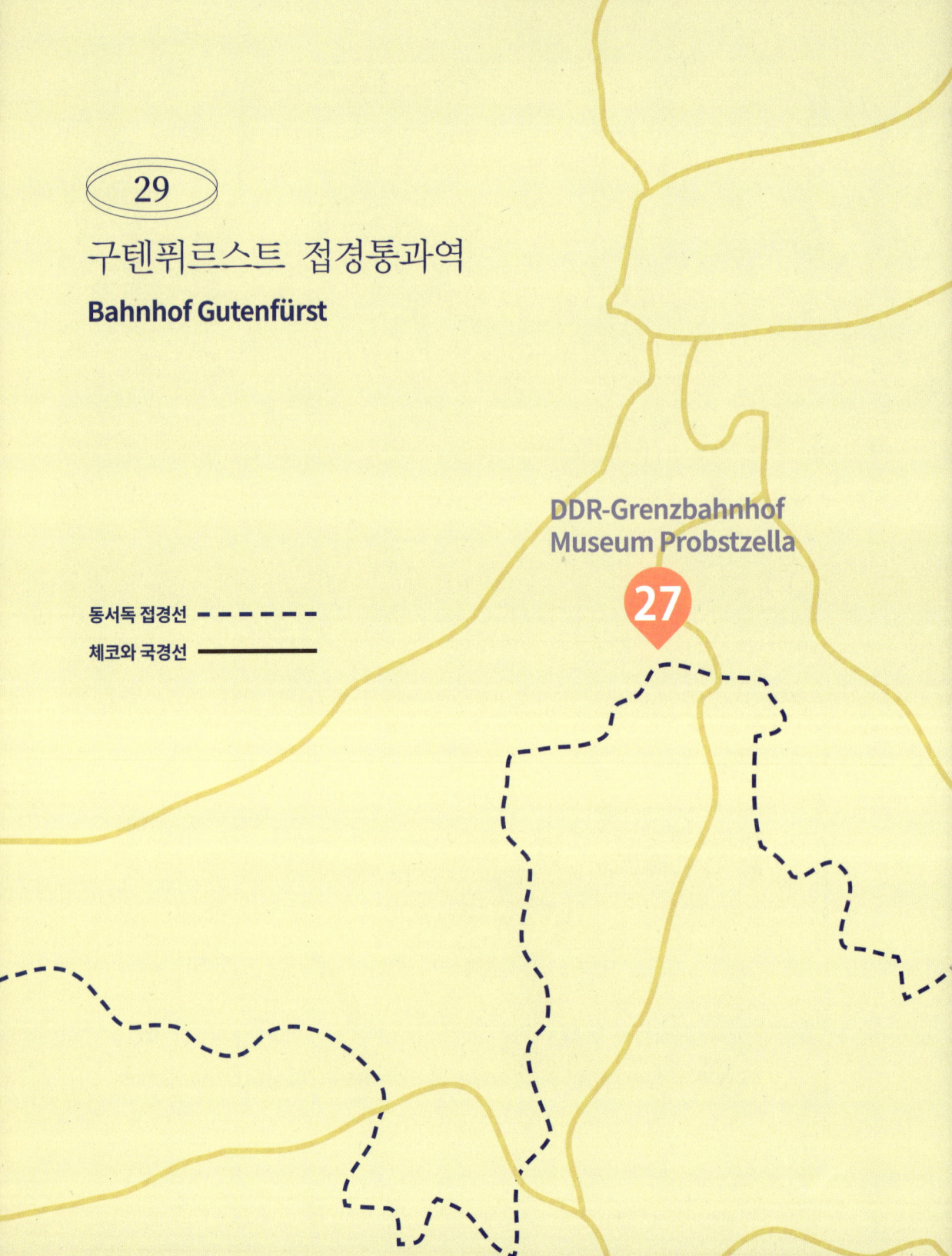

29
구텐퓌르스트 접경통과역
Bahnhof Gutenfürst

동서독 접경선 ------
체코와 국경선 ——

DDR-Grenzbahnhof
Museum Probstzella
27

 마지막 정거장

1945년 이후부터 구텐퓌르스트(Gutenfürst) 기차역은 접경통과역이 되었다. 처음에는 여행객의 운송보다 주로 동독 중부지역의 석탄을 서독으로 수송하는 화물열차가 주를 이루었다. 소련점령지역에서 서독으로 향하는 마지막 정거장의 기능을 한 곳이다.

1964년 9월부터 이 역을 통과해 서베를린으로 향하는 화물노선이 증가하자 접경통과검사소(Grenzübergangsstelle)로써 구텐퓌르스트역의 역할도 커졌다. 1975년 이후 정거장은 탈출자를 막기 위해 요새화 수준으로 발전했다. 선로 위에는 탈주방지용 조명등이 부착된 육교도 만들어졌다. 여권심사를 위한 안보성과 세관 건물도 들어섰고, 정거장 옆에는 동독 국경수비대의 병영도 자리하였다. 지금은 폐허로 남아있다.

삼엄한 감시 속에 북적였을 구텐퓌르스트 역의 2020년 모습이다.

역사 옆 병영은 이제 물류창고가 되었다.

공간 속 통일

　터널을 지나 계단을 오르면 푸른 하늘이 펼쳐진다. 분단 시기, 삼엄한 감시와 검문을 받던 사람들에게 저 계단은 오르고 싶지 않은 장벽이었을지도 모른다.

미텔함머 독일-체코 국경지
Mittelhammer Dreiländereck

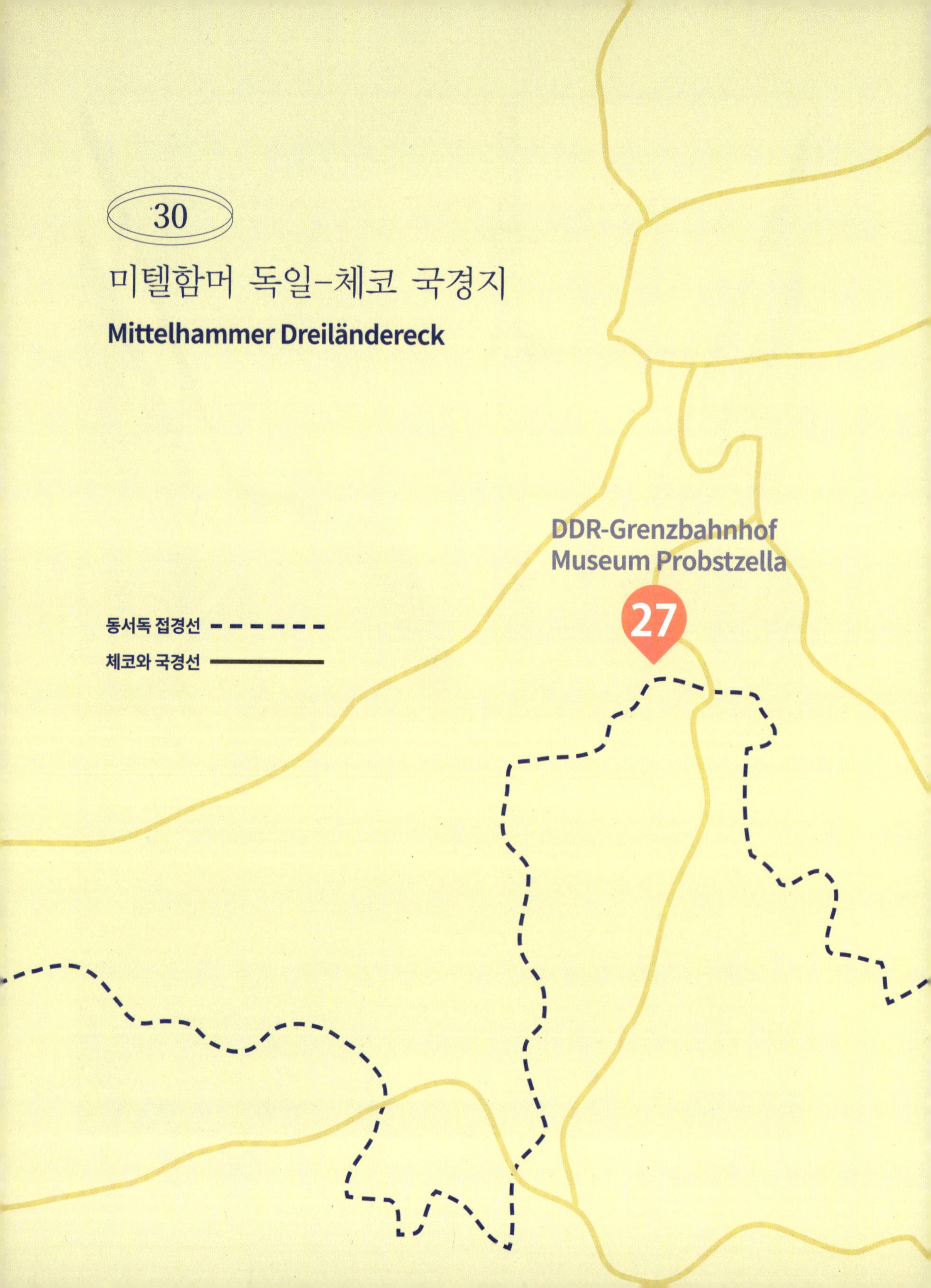

동서독 접경선 ━ ━ ━
체코와 국경선 ───

DDR-Grenzbahnhof
Museum Probstzella

27

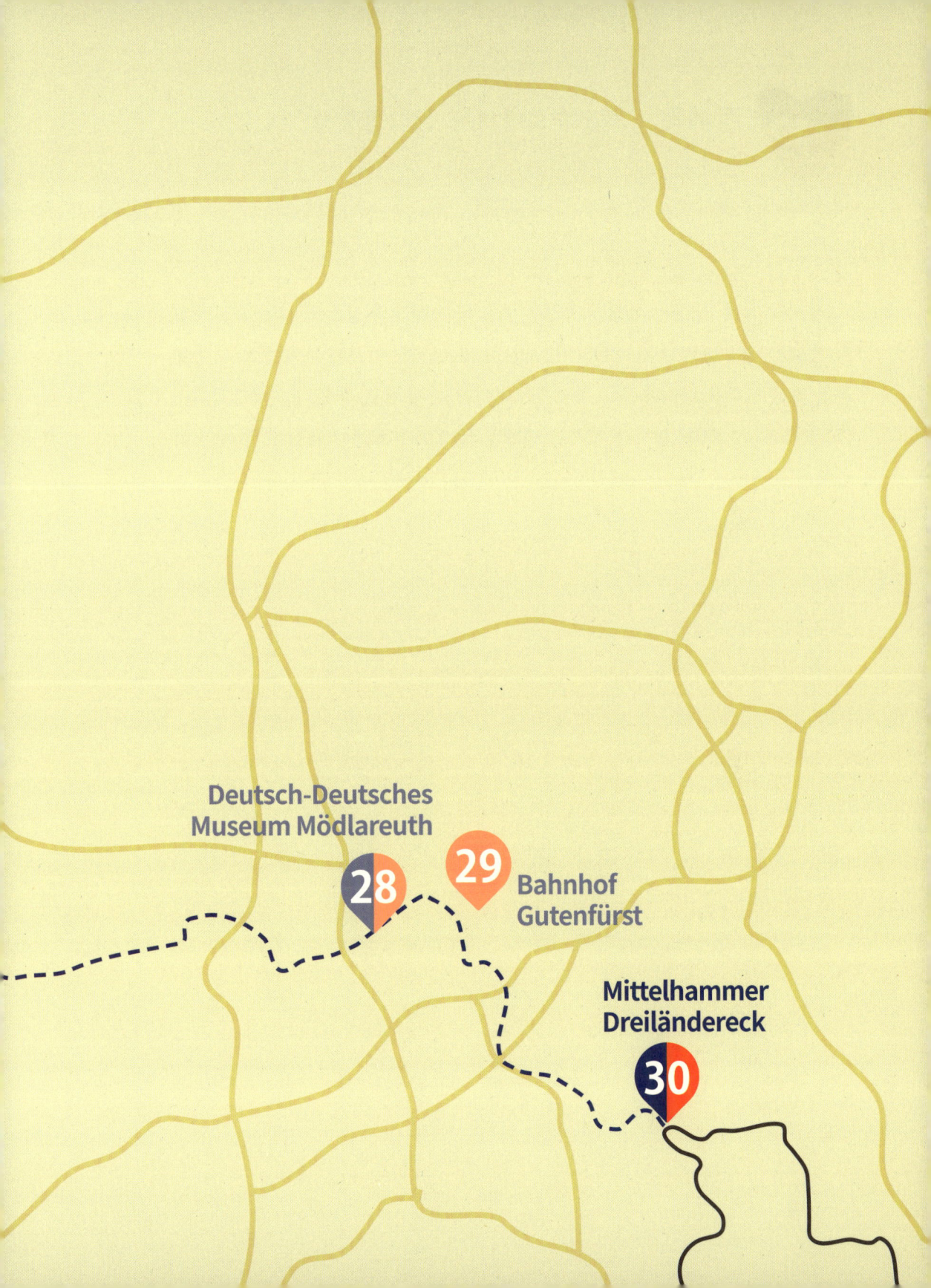

 # 동서독 – 체코슬로바키아 삼각접경지

　동서독 접경 1,393㎞ 대장정의 종지부를 찍는 마지막 장소에 이르렀다. 독일과 체코가 국경을 맞닿은 미텔함머(Mittelhammer)다. 이곳은 독일 통일 이전에 동독 작센주, 서독 바이에른주, 체코슬로바키아(현재 체코)가 만나는 삼각접경지(Dreiländereck)였다. 동독은 서독을 별개의 국가로 인식했기 때문에, 동독의 입장에서는 서독과 체코슬로바키아라는 두 국가와 국경을 마주한 곳이었다.

나무 보도가 국경선이며 위쪽이 체코, 앞쪽이 독일이다. 독일은 실개천을 경계로 왼쪽이 작센주(DS: Deutschland Sachsen), 오른쪽이 바이에른주(DB: Deutschland Bayern)다. 즉 과거 동독과 서독지역이었다.

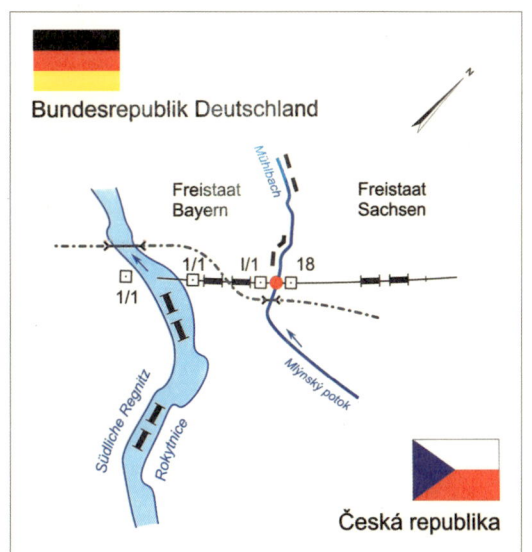

점선이 국경선이고, 위가 독일, 아래가 체코다. 오른쪽 파란색 실개천을 경계로 바이에른주와 작센주로 나뉜다.

통일 이후 독일은 하나가 되었고 이곳에 더이상 국경의 개념은 존재하지 않는다. 체코와 독일 사이에 국경선이라는 표시는 서로의 언어로 표시된 안내판과 표지석 하나가 전부였다. 감시와 경비는 존재하지 않고, 우거진 숲 사이로 흐르는 실개천 위로 옆으로 국경선을 알리는 예쁜 나무보도가 서로를 이어주고 있었다.

두 국가, 세 지역 경계선에는 이곳이 그뤼네스 반트임을 알리는 표지판이 곳곳에 서 있다.

서독 바이에른쪽에 1945년 전쟁 때 사망한 무명용사의 묘가 자리하고 있다. 이 자리에서 그는 45년의 분단을 지켜보았다. 무명용사의 묘 앞쪽으로는 한때 동서독과 체코슬로바키아의 경계선, 이제는 독일의 바이에른주와 작센주, 그리고 체코와의 경계선이 보인다.

독일과 체코, 바이에른과 작센

독일과 체코 국경선, 독일연방주 작센과 바이에른의 경계선이 얽혀진 3각 접경지역이다. 'POZOR! STATNI HRANICE'("조심! 국경"이라는 체코어), 'STAATS GRENZE'(국경), 'DB'(독일 바이에른주), 'DS'(독일 작센주)의 표지판이다.

체코슬로바키아를 의미하는 철자 C와 S 중 S는 지워지고 C만 표시되어 있다. 1993년 1월 체코 공화국과 슬로바키아 공화국으로 각각 독립하면서 현재 이 지역은 체코와 국경을 맞닿은 곳이 되었다.

공간 속 통일

국경이 맞닿은 곳에 벙커 하나가 눈에 띄었다. 벙커 위 언덕 너머가 바로 체코땅이라는 말을 듣고 몇 걸음 옮겨보았다. 누군가 나무로 길을 막고 경계를 만들어 놓았지만 삼엄한 경계선의 의미는 없었다.

분단을 살아가는 우리는 상상조차 할 수 없었던 일, 국경을 오가는 길은 너무도 쉬워 보였다.

지금 발 딛고 선 곳은 독일이 아니라 체코다.

동서독 접경선의 끝이자 그뤼네스 반트의 종점에서 지나온 여정을 돌아본다. 동서독은 분단의 마침표를 찍고 독일이라는 이름으로 서로를 향한 느낌표를 함께 만들어 간다.

우리에게 분단의 끝은 여전히 물음표다. 갈등과 대립을 잠시라도 내려놓고 화해와 협력의 길을 찾아보자는 쉼표 하나 찍는 것도 아직은 벅차다.

다만 이곳 역시 한때는 치열한 대결과 죽음의 공간이었던 역사를 반추해 보며 희망도 품어본다. 분단이 더 진행형이 아닌 과거의 기억으로 남을 그 날이 반드시 오리라.

통일, 그 길을 다시 출발하기 위해 고국으로 발길을 돌린다.

독일통일 10선

10 통일독일의 국가성장, 우리의 통일비전

독일은 통일 이후 큰 어려움을 겪었다. 그러나 통일된 독일은 이제 국력에 걸맞은 정치력을 발휘해야 한다면서 유엔안전보장이사회 상임이사국의 자리를 공개적으로 요구하고, 세계 외교무대에서 중심 역할을 하고 있다. 돈으로 환산될 수 없는 정치강국이다.

군대를 국외에 파병하여 전투를 하는 행위에 대한 옳고 그름을 떠나 독일은 헌법을 개정하여 전 세계에 당당하게 군대를 파견하고, 국력에 걸맞은 군사적 역할을 세계적 차원에서 찾고 있다. 지난 2003년 이라크전쟁 시에는 NATO의 맹주인 미국의 간곡한 요청에 'NO'라고 단호하게 응답하는 군사적 자주권을 보여주었다. 역시 돈으로 환산될 수 없는 군사주권국이다.

엄청난 통일비용이 소요되었지만 그것을 바탕으로 이제는 '엘베강의 기적'을 바라보는 경제성장을 이룩하고 유럽통합의 기관차 역할을 자임하고 있다. 유럽연합(EU) 28개국 전체가 생산하는 총 GDP 가운데 약 1/3을 통일독일이 차지하는 경제강국이다.

40년의 분단을 통해 조성된 동서독 주민 간의 심리적·정서적 이질감이 여전히 존재하고 있음은 사실이지만, 사회통합이 진전되고 있다. 통일 15년 만에 동독출신의 여성이 연방총리가 되어 지금까지 국가를 이끌고 있다. 연방대통령,

연방의회의장, 축구국가대표팀 감독과 주장도 동독출신을 거쳤다. 동서독 주민이 함께 새로운 독일을 만들어가는 사회문화강국이다.

베를린장벽이 무너지자마자 죽음의 지대였던 동서독 접경지역을 인간과 자연이 함께 하는 그뤼네스 반트로 만들고, 전 유럽 그뤼네스 반트의 중심이 되었다. 통일독일은 재생에너지 국가브랜드 세계 1위인 환경생태강국이다.

통일독일은 정치, 군사, 경제, 사회문화, 환경생태적으로 분단 시절에는 꿈도 꿀 수 없었던 강력한 국가를 지난 30년 동안 건설하였다. 통일이 대박일 수 있음을 보여주었다.

2020년, 독일통일 30주년을 바라보며 통일에 대한 우리의 국민적 의지를 다시 한번 통일할 때이다.

자유에 굴복한 통제

에필로그

　동서독 접경 1,393㎞의 기나긴 여정이 막을 내렸다. 통일 30주년을 맞는 독일은 이제 분단을 기념하는, 분단을 잊은 나라가 되었다.

　죽음의 띠가 생명의 띠로 변했고, 통일의 사람들은 더이상 아픔과 절규를 떠올리지 않는다. 자연과 인간이 함께 숨 쉬며 초록의 대지를 가꾸어 가는 그뤼네스 반트는 분단의 역설이다. 자유를 찾아 목숨 걸고 탈출하던 경계에는 색색의 들꽃들이 생명을 움텄다.

　여전히 경계선을 넘지 못하는 반쪽 조국 앞에서 바스락거리는 마음을 애써 다잡는다. 한반도의 허리를 가르는 248㎞가 녹색평화지대로 탈바꿈되는 그날을 구상한다. 30년 전, 장벽이 무너지고 철조망이 걷히던 그때의 감격은 우리에게도 오늘이어야만 한다.

　2020년 동서독 접경 1,393㎞는 우리에게 먼저 온 미래다. 이 길을 함께 떠나보자. 통일의 마음들이 오롯이 모여 함께 걷고 달리다 보면 분명 분단의 끝을 마주하리라.
바로 우리가 통일이다.

다시 출발선에서